传统文化经典

论语诠译

半部论语治天下，一代圣人耀万古；气备四时，与天地日月鬼神合其德；教垂万世，继尧舜禹汤文武作之师。

王振宇◎主编

北方妇女儿童出版社

图书在版编目(CIP)数据

论语诠译 / 王振宇主编. -- 长春 : 北方妇女儿童出版社, 2017.2

ISBN 978-7-5585-0853-0

Ⅰ. ①论… Ⅱ. ①王… Ⅲ. ①儒家②《论语》-青少年读物 Ⅳ. ①B222.2-49

中国版本图书馆 CIP 数据核字(2017)第 007939 号

图书策划 魏广振
设计制作 文贤阁
装帧设计 腾　飞

论语诠译

LUNYUQUANYI

主　　编 王振宇
责任编辑 王天明
出版发行 北方妇女儿童出版社
地　　址 吉林省长春市人民大街 4646 号
邮　　编 130021
电　　话 0431—85644762
经　　销 全国新华书店
印　　刷 三河市天润建兴印务有限公司
开　　本 710×1000　1/16
印　　张 20
字　　数 350 千字
版　　次 2017 年 4 月第 1 版
印　　次 2018 年 1 月第 2 次印刷
书　　号 ISBN 978-7-5585-0853-0
定　　价 32.00 元

前言

《论语》是儒家学派的经典之作，由孔子的弟子及其再传弟子编写而成。南宋时期，著名的思想家朱熹将《论语》与《大学》《孟子》《中庸》合称为“四书”。书中主要记载了孔子及其弟子的言行，较为集中地反映了孔子的思想。全书共20篇、492章，每一篇都具有极高的思想价值和史料价值，对后世影响深远。

孔子（公元前551—公元前479年），名丘，字仲尼，春秋时期鲁国陬邑（今山东曲阜）人。著名的思想家、教育家。他开办了私人讲学，是儒家学派的创始人。其学生达三千人，贤良七十二人。教育上，他主张“因材施教”，教育学生要“温故而知新”，学与思结合。

《论语》作为春秋时期一部语录体散文集，其描述的中心即为孔子。该书的精华多存于只言片语、微言大义的格言警句之中，也就是孔子所发的言论。南朝文学家刘勰在其理论著作《文心雕龙·征圣》中这样说道：“夫子风采，溢于格言。”书中通过亲切交谈口吻，具体的对话环境，将孔子及其弟子的形象展现于文字中。在《论语》中，孔子的思想与他的形象直接联系在一起，我们不仅能读到孔子的理论，也读到了孔子的个性与人格。性格鲜明的孔子形象，使孔子的理论产生了一种直观的效果。除了围绕孔子这一“描述中心”，刻画圣人风采外，《论语》还成功地刻画了其弟子的形象。曾皙的潇洒脱俗，子路的率直鲁莽，宰我的利口辩辞，子贡的聪颖善辩，颜回的温雅贤良，等等，所述人物形象都非常鲜明，给人留下深刻印象。

本书与《论语》原著相同，分为20篇，并按照原文—词语解释—译文的体例进行编排，有助于读者更好地参阅原著，领悟孔子及其弟子的言论思想。

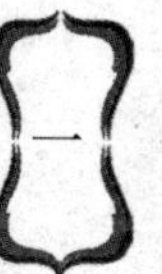

其中，词语解释是对原文中一些容易误解的、难解的以及必要的知识点加以解释，使读者更容易理解原文含义。译文是对原文的通篇译读，使之意思、思想连贯起来。

除此之外，为了便于读者深刻理解原著的思想，本书书后还附有附录。附录中不仅针对孔子及其弟子的思想进行了系统地分析整理，还细致地讲述了孔子及其弟子之间的故事。

愿本书给读者带去知识的同时，亦带去启迪，进而能对自己的人生之路有所帮助，有所助益。

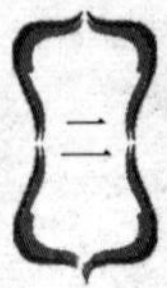

目
录

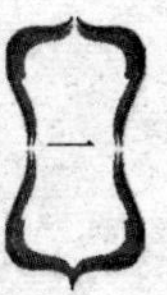

学而篇第一

本篇简介

《论语》中各篇一般都是以第一章的前两三个字作为该篇的篇名。本篇包括十六章，内容涉及诸多方面，其中重点是“吾日三省吾身”“节用而爱人，使民以时”“礼之用，和为贵”以及仁、孝、信等道德范畴。

1.1　子[①]曰：“学[②]而时习[③]之，不亦说[④]乎？有朋[⑤]自远方来，不亦乐[⑥]乎？人不知而不愠[⑦]，不亦君子[⑧]乎？”

字词注解

①子：中国古代对于有地位、有学问的男子的尊称，有时也泛称男子。《论语》中“子曰”的“子”指孔子。②学：孔子在这里所讲的“学”，主要是指学习西周的礼、乐、诗、书等传统文化典籍。③时习：在周秦时代，“时”字用作副词，意为“在一定的时候”或者“在适当的时候”。习，指演习礼、乐；复习诗、书；也含有温习、实习、练习的意思。④说：音 yuè，同“悦”，愉快、高兴的意思。⑤有朋：旧注曰：同

门曰朋。即同在一位老师门下学习的叫朋，也就是志同道合的人。⑥乐：与说有所区别。旧注曰：说在内心，乐则见于外。⑦愠：音 yùn，恼怒，怨恨。⑧君子：此处指孔子理想中具有高尚人格的人。

诠译

孔子说："学习后时常温习，不是很愉快吗？有志同道合的人从远方来，不是很让人高兴吗？人家虽不了解我，我也不怨恨，这不正是君子吗？"

原文

1.2 有子[①]曰："其为人也孝弟[②]，而好犯上[③]者，鲜[④]矣；不好犯上，而好作乱者，未之有也[⑤]。君子务本[⑥]，本立而道[⑦]生。孝弟也者，其为仁之本[⑧]与！"

字词注解

①有子：孔子的学生，姓有，名若，比孔子小十三岁，一说小三十三岁。后一说较为可信。在《论语》中记载的孔子学生，一般都称字，只有曾参和有若称"子"。因此，许多人认为《论语》即由曾参和有若所著述。②孝弟：孝，奴隶社会时期所认为的子女对待父母的正确态度。弟，读音和意义与"悌"（音 tì）相同，即弟弟对待兄长的正确态度。③犯上：犯，冒犯、干犯。上，指在上位的人。④鲜：音 xiǎn，少的意思。《论语》中的"鲜"字，都是如此用法。⑤未之有也：此为"未有之也"的倒装句型。⑥务本：务，专心、致力于。本，根本。

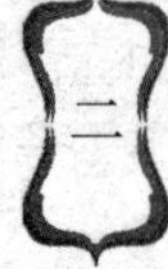

⑦道：在中国古代思想里，道有多种含义。此处的道，指孔子提倡的仁道，即以仁为核心的整个道德思想体系及其在实际生活中的体现。⑧为仁之本：仁是孔子哲学思想的最高范畴，又是伦理道德准则。为仁之本，即以孝悌作为仁的根本。还有一种解释，认为古代的“仁”就是“人”字，为仁之本即做人的根本。

诠译

有子说：“孝顺父母，敬重兄长，却喜欢冒犯上层统治者，这样的人很少；不喜欢冒犯上层统治者，但喜欢作乱的人是没有的。君子务实于根本，根本建立了，‘道’也就有了。孝顺父母、敬重兄长，这就是仁的根本啊！”

1.3　子曰：“巧言令色①，鲜②矣仁。”

字词注解

①巧言令色：朱熹注曰：“好其言，善其色，致饰于外，务以说人。”巧和令都是美好的意思。但此处应释为装出和颜悦色的样子。②鲜：少的意思。

诠译

孔子说：“花言巧语，表面上一副和善的样子，这种人是很少有仁心的。”

1.4　曾子①曰：“吾日三省②吾身：为人谋而不忠③乎？与朋友交而不信④乎？传不习⑤乎？”

字词注解

①曾子：姓曾名参（音 shēn)，字子舆，生于公元前505年，鲁国人，是被鲁国灭亡了的鄫国贵族的后代。曾参是孔子的得意门生，以孝子出名。据说《孝经》就是他撰写的。②三省：省，音 xǐng，检查、察看。三省有几种解释：一是三次检查；二是从三个方面检查；三是多次检查。其实，古代在有动作性的动词前加上数字，表示动作频率高，不必认定为几次。③忠：旧注曰：尽己之谓忠。此处指对人应当尽心竭力。④信：旧注曰：信者，诚也。以诚实之谓信。要求人们按照礼的规定相互守信，以调整人们之间的关系。⑤传不习：传，旧注曰：受之于师谓之传。即老师传授给自己的。习，与“学而时习之”的“习”字一样，指温习、实习、演习等。

诠译

曾子说：“我每天多次进行自我反省：为别人办事是否尽己所能了？同朋友交往是否诚实守信了？老师教给自己的知识是否温习了?”

原文

1.5　子曰：“道[1]千乘之国[2]，敬事[3]而信，节用而爱人[4]，使民以时[5]。”

字词注解

①道：一本作“导”，作动词用。这里是治理的意思。②千乘之国：乘，音 shèng，意为辆。这里指古代军队的基层单位。每乘拥有四匹马拉的兵车一辆，车上甲士三人，车下步卒七十二人，后勤人员二十五人，共计一百人。千乘之国，指拥有一千辆战车的国家，即诸侯国。春秋时代，战争频仍，所以国家的强弱都用车辆的数目来计算。在孔子时代，千乘之国已经不是大国。③敬事：敬字一般用于表示个人的态度，尤其是对待所从事的事务要谨慎专

一、兢兢业业。④爱人：古代“人”的含义有广义与狭义的区别。广义的“人”，指一切人群；狭义的“人”，仅指士大夫以上各个阶层的人。此处的“人”与“民”相对而言，可见其用法为狭义。⑤使民以时：时指农时。古代百姓以农业为主，这是说役使百姓要根据农时合理安排。

诠译

孔子说：“治理一个拥有一千辆兵车的国家，就一定要做事严谨并恪守信用，节约各种费用而又懂得爱护部下，役使百姓要不误农时。”

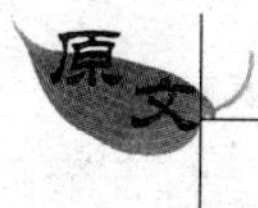

原文

1.6　子曰：“弟子①入②则孝，出则弟③，谨④而信，泛⑤爱众而亲仁⑥。行有余力⑦，则以学文⑧。”

字词注解

①弟子：一般有两种意义：一是年纪较小的为人弟和为人子的人；二是指学生。这里是指第一种意义上的“弟子”。②入：古代时父子分别住在不同的居处，学习则在外舍。③出则弟：出，与“入”相对而言，指外出拜师学习。出则弟，是说要用悌道对待师长，也可泛指年长于自己的人。④谨：寡言少语称之为谨。⑤泛：广泛的意思。⑥仁：仁即仁人，有仁德之人。⑦行有余力：指有闲暇时间。⑧文：古代文献。主要有诗、书、礼、乐等文化知识。

诠译

孔子说："弟子们在家中要孝顺父母，出门在外，要尊重年长的人；行为举止要严谨，说话要讲诚信，广泛地爱护群众并亲近那些有贤能的人。如果躬行实践之后还有余力，就再去学习有用的知识。"

原文

1.7　子夏[1]曰："贤贤[2]易[3]色；事父母，能竭其力；事君，能致其身[4]；与朋友交，言而有信。虽曰未学，吾必谓之学矣。"

字词注解

①子夏：姓卜，名商，字子夏，孔子的学生，比孔子小四十四岁，生于公元前507年。②贤贤：第一个"贤"字作动词用，尊重的意思。贤贤即尊重贤者。③易：有两种解释：一是改变的意思，此句即为尊重贤者而改变好色之心；二是轻视的意思，即看重贤德而轻视女色。④致其身：致，意为"献纳""尽力"。这是说把生命奉献给君主。

诠译

子夏说："看重贤能，却轻视女色；侍奉父母，能够竭尽所能；服侍君主，能够献出自己的生命；同朋友交往，能够言而有信。这样的人，虽然说自己没有学习过，我一定说他已经学习过了。"

原文

1.8　子曰："君子[1]，不重[2]则不威，学则不固[3]。主忠信[4]。无[5]友不如己[6]者。过[7]，则勿惮[8]改。"

字词注解

①君子：这个词一直贯穿于本段始终，因此这里应当有一个断句。②重：庄重、自持。③学则不固：有两种解释：一是作坚固解，与上句相连，不庄重就没有威严，所学也不坚固；二是作固陋解，喻人见闻少，学了就可以不固陋。④主忠信：以忠信为主。⑤无：通“毋”，不要的意思。⑥不如己：一般解释为不如自己。另一种解释说：“不如己者，不类乎己，所谓‘道不同不相为谋’也。”把“如”解释为“类似”。后一种解释更符合孔子的原意。⑦过：过错、过失。⑧惮：音 dàn，害怕、畏惧。

诠译

孔子说：“君子，不庄重就没有威严，即使学习了也不会牢固。为人要以忠信为主。不要同与自己不同道的人交朋友。有了过错，就不要怕改正。”

1.9 曾子曰：“慎终①追远②，民德归厚矣。”

字词注解

①慎终：人死为终。这里指父母的去世。旧注曰：慎终者丧尽其哀。②追远：远，指祖先。旧注曰：追远者祭尽其敬。

诠译

曾子说：“对待父母的丧事要谨慎，并时常追念久远的祖先，这样做了之后，老百姓的德性就会日趋敦厚了。”

1.10　子禽[①]问于子贡[②]曰："夫子[③]至于是邦[④]也，必闻其政。求之与？抑[⑤]与之与？"子贡曰："夫子温、良、恭、俭、让[⑥]以得之。夫子之求之也，其诸[⑦]异乎人之求之与？"

字词注解

①子禽：姓陈名亢，字子禽。②子贡：姓端木名赐，字子贡，卫国人，比孔子小三十一岁，是孔子的学生，生于公元前520年。子贡善辩，孔子认为他可以做大国的宰相。据《史记》记载，子贡在卫国做了商人，家有财产千金，成了有名的商业家。③夫子：这是古代的一种敬称，凡是做过大夫的人都可以取得这一称谓。④邦：指当时的诸侯国家。⑤抑：表示选择的文言连词，有"还是"的意思。⑥温、良、恭、俭、让：就字面理解即为：温顺、善良、恭敬、俭朴、谦让。⑦其诸：语气词，有"大概""或者"的意思。

诠译

子禽问子贡："我们老师到了一个国家之后，一定会打听这个国家的政事。（这种资格）是他自己求得的呢，还是国君主动给他的呢？"子贡说："老师以温、良、恭、俭、让而得到这种资格。也许他求得的这种方法，不和其他人一样吧？"

1.11　子曰：“父在，观其①志；父没，观其行②；三年③无改于父之道④，可谓孝矣。”

字词注解

①其：他的，指儿子，不是指父亲。②行：指行为举止等。③三年：对于古人所说的数字不必过于机械地理解，只是说要经过一个较长的时间而已，不一定仅指三年的时间。④道：有时候是一般意义上的名词，无论好坏、善恶都可以叫作道。但更多时候是积极意义的名词，表示善的、好的东西。这里表示“合理内容”的意思。

诠译

孔子说：“父亲健在时，要观察儿子的志向；父亲死后，要观察儿子的行为；如果对于父亲合理的部分他长期坚持不改，那就可称这个人尽孝了。”

1.12　有子曰：“礼①之用，和②为贵。先王之道③，斯④为美，小大由之。有所不行，知和而和，不以礼节之，亦不可行也。”

字词注解

①礼：在春秋时代，“礼”泛指奴隶社会的典章制度和道德规范。孔子的“礼”，既指“周礼”，礼节、仪式，也指人们的道德规范。②和：调和、和

谐、协调。③先王之道：指尧、舜、禹、汤、文、武、周公等古代帝王的治世之道。④斯：这、此等意。这里指礼，也指和。

诠译

有子说："礼的应用，最可贵的地方就在于和谐。古代君主的治国方法，最难能可贵的地方就在这里，大事小事都按照它去做。但有时也会行不通，（这是因为）只为和谐而和谐，不以礼来节制和谐，也是不可行的。"

原文

1.13　有子曰："信近[①]于义[②]，言可复[③]也。恭近于礼，远[④]耻辱也。因[⑤]不失其亲，亦可宗[⑥]也。"

字词注解

①近：接近、符合的意思。②义：义是儒家的伦理范畴，是指思想和行为符合一定的标准。这个标准就是"礼"。③复：实践的意思。朱熹《集注》云："复，践言也。"④远：音 yuàn，动词，使动用法，使之远离的意思，此外亦可以译为避免。⑤因：依靠、凭借。一说因应写作姻，但从上下文看，似有不妥之处。⑥宗：主、可靠，一般解释为"尊敬"，似有不妥之处。

诠译

有子说："讲信用要符合义，这样，讲出的话才能落实。恭敬要符合礼，这样，才能远离耻辱。所依靠的都是可以信任的人，也就可靠了。”

1.14　子曰：“君子食无求饱，居无求安，敏于事而慎于言，就[①]有道[②]而正[③]焉，可谓好学也已。”

字词注解

①就：靠近、看齐。②有道：指有道德的人。③正：匡正、端正。

诠译

孔子说：“君子，饮食不求饱足，居住不求舒适，做事勤敏，说话谨慎，到有道的人那里去匡正自己的错误，就可以说他好学了。”

1.15　子贡曰：“贫而无谄[①]，富而无骄，何如[②]？”子曰：“可也。未若贫而乐[③]，富而好礼者也。”子贡曰：“《诗》云：‘如切如磋，如琢如磨[④]。’其斯之谓与？”子曰：“赐[⑤]也，始可与言《诗》已矣，告诸往而知来者[⑥]。”

字词注解

①谄：音 chǎn，意为巴结、奉承。②何如：《论语》中的“何如”，都可以译为“怎么样”。③贫而乐：一本作“贫而乐道”。④如切如磋，如琢如磨：此二句见《诗经·卫风·淇澳》。⑤赐：子贡名，孔子对学生都称其名。⑥告诸往而知来者：诸，同之。往，过去的事情。来，未来的事情。

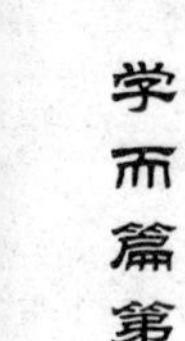

诠译

子贡说："贫穷而能不谄媚别人，富有而能不骄傲自大，（这样的人）怎么样？"孔子说："这也算可以了。但是还比不上虽贫穷却乐于道，虽富裕而又好礼的人。"子贡说："《诗》上说：'要像对待骨、角、象牙、玉石一样，切磋它，琢磨它。'讲的就是这个意思吧？"孔子说："赐呀，我可以同你谈论《诗》了，因为你能从我说出的话中领悟到其他的意思。"

原文

1.16　子曰："不患[①]人[②]之不己知，患不知人也。"

字词注解

①患：忧虑、怕。②人：指有教养、有知识的人，而非民。

诠译

孔子说："不怕别人不了解自己，只怕自己不了解别人。"

为政篇第二

本篇简介

本篇共二十四章，主要内容包括孔子“为政以德”的思想、谋求官职和从政为官的基本原则、学习与思考的关系、孔子本人学习和修养的过程、“温故而知新”的学习方法，以及对孝、悌等道德范畴的进一步阐述。

2.1　子曰：“为政以德[①]，譬如北辰[②]居其所[③]而众星共[④]之。”

字词注解

①为政以德：以，用的意思。此句是说统治者应以道德进行统治，即“德治”。②北辰：北极星。③所：处所，位置。④共：同“拱”，环绕的意思。

诠译

孔子说：“处理政事能够依靠道德，就会像北极星处在自己的方位上那样，群星都会环绕在它的周围。”

2.2 子曰："《诗》三百[①]，一言以蔽[②]之，曰：'思无邪[③]。'"

字词注解

①《诗》三百：《诗》，指《诗经》一书，此书实有305篇，"三百"只是举其整数。②蔽：概括的意思。③思无邪：此为《诗经·鲁颂》上的一句，此处的"思"作思想解。无邪，一解为"纯正"，一解为"直"。

诠译

孔子说："《诗经》三百篇，可以用一句话来概括它，就是'思想没有一丝邪恶'。"

2.3 子曰："道[①]之以政，齐[②]之以刑，民免[③]而无耻[④]。道之以德，齐之以礼，有耻且格[⑤]。"

字词注解

①道：有两种解释：一为"引导"；二为"治理"。前者较为妥帖。②齐：整齐、约束。③免：避免、躲避。④耻：羞耻之心。⑤格：有两种解释：一为"至"；二为"正"。

孔子说："用法制禁令去引导百姓，用刑法来约束百姓，老百姓只能免于犯罪受惩，却会丢失廉耻之心。用道德教化引导百姓，使用礼制使百姓的言行统一，百姓不仅会有羞耻之心，而且也会遵守法律。"

原文

2.4　子曰："吾十有[①]五而志于学，三十而立[②]，四十而不惑[③]，五十而知天命[④]，六十而耳顺[⑤]，七十而从心所欲，不逾矩[⑥]。"

字词注解

①有：同"又"。②立：站得住的意思。③不惑：掌握了知识，不被外界事物所迷惑。④天命：指不能为人力所支配的事情。⑤耳顺：对此有多种解释。一般而言，指对那些于己不利的意见也能正确对待。⑥从心所欲，不逾矩：从，遵从的意思。逾，越过。矩，规矩。

诠译

孔子说："我十五岁立志于学习，三十岁能够自立，四十岁不被外界事物所迷惑，五十岁了解了天命，六十岁能领会各种言论，而不觉得不顺，七十岁能随心所欲，而不违反规矩。"

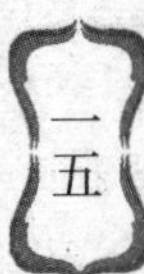

2.5　孟懿子[1]问孝。子曰：“无违[2]。”樊迟[3]御[4]，子告之曰：“孟孙[5]问孝于我，我对曰，无违。”樊迟曰：“何谓也?”子曰：“生，事之以礼；死，葬之以礼，祭之以礼。”

字词注解

①孟懿子：鲁国大夫，三家之一，姓仲孙，名何忌，“懿”是谥号。其父临终前要他向孔子学礼。②无违：不要违背。③樊迟：姓樊名须，字子迟。孔子的弟子，比孔子小四十六岁。他曾和冉求一起帮助季康子进行革新。④御：驾驭马车。⑤孟孙：指孟懿子。

诠译

孟懿子问什么是孝。孔子说：“不违背礼就是孝。”后来樊迟给孔子驾车，孔子对他说：“孟孙问我什么是孝，我回答他说，不要违背礼（就是孝）。”樊迟说：“不要违背礼是什么意思呢?”孔子说：“父母活着的时候，要按礼侍奉他们；父母去世后，要按礼埋葬他们、祭祀他们。”

2.6　孟武伯[1]问孝。子曰：“父母唯其疾之忧[2]。”

字词注解

①孟武伯：孟懿子的儿子，名彘。“武”是他的谥号。②父母唯其疾之忧：其，代词，指父母。疾，病。

诠译

孟武伯向孔子请教孝道。孔子说：“对父母，要特别担忧他们的疾病（这样做就能够说是做到孝了）。”

原文

2.7　子游[①]问孝。子曰：“今之孝者，是谓能养。至于犬马，皆能有养[②]。不敬，何以别乎？”

字词注解

①子游：姓言名偃，字子游，吴人，比孔子小四十五岁。②养：音 yàng。

诠译

子游问什么是孝。孔子说：“（我们）如今所说的孝，只是说能够赡养父母便足够了。然而，就是犬马都能够得到饲养。如果不是想孝敬父母，那么赡养父母与饲养犬马又有什么差别呢？”

原文

2.8　子夏问孝。子曰：“色难[①]。有事，弟子[②]服其劳[③]；有酒食，先生[④]馔[⑤]，曾是以为孝乎？”

字词注解

①色难：色，脸色。难，不容易的意思。②弟子：指晚辈、儿女等。③服劳：服，从事、担负。服劳，即服侍。④先生：指长者或父母。⑤馔：音zhuàn，意为饮食、吃喝。

诠译

子夏问什么是孝。孔子说："（当子女的要想做到孝）最难的就是对父母面色和善。仅仅是有了事情，儿女代替父母去执行；有了酒饭，先让父母吃，难道这样就能说是孝了吗?"

2.9 子曰："吾与回[1]言终日，不违[2]，如愚。退而省其私[3]，亦足以发，回也不愚。"

字词注解

①回：姓颜名回，字子渊，生于公元前521年，比孔子小三十岁，鲁国人，孔子的得意门生。②不违：不提相反的意见和问题。③退而省其私：考察颜回私下里与其他学生讨论学问的言行。

诠译

孔子说："我整天给颜回讲学，他一次都没有对我提不同的问题，像个愚蠢的人。等他退下之后，我考察他私下的言论，发现他对我所讲授的内容有所发挥，可见颜回并不愚蠢。"

2.10　子曰："视其所以①，观其所由②，察其所安③。人焉廋④哉？人焉廋哉？"

字词注解

①所以：所做的事情。②所由：所走过的道路。③所安：所安的心境。④廋：音 sōu，隐藏、藏匿。

诠译

孔子说："（要了解一个人）应看他所做的事，观察他所走的道路，考察他所安的心境。这样，这个人怎能隐藏得了呢？这个人怎能隐藏得了呢？"

2.11　子曰："温故而知新①，可以为师矣。"

字词注解

①温故而知新：故，已经过去的。新，刚刚学到的知识。

诠译

孔子说："在温习旧知识时，能从中感悟到新的东西，就可以成为老师了。"

2.12　子曰："君子不器①。"

字词注解

①器：器具。

诠译

孔子说："君子不和器具一样（只有某一方面的用途）。"

2.13　子贡问君子。子曰："先行其言而后从之。"

诠译

子贡问如何成为一个君子。孔子说："对于你要说的话，先要做到，然后再说出来（这样就可以成为一个君子了）。"

2.14　子曰："君子周①而不比②，小人③比而不周。"

字词注解

①周：合群。②比：音 bì，勾结。③小人：没有道德修养的凡人。

诠译

孔子说：“君子合群而不与人勾结，小人与人勾结而不合群。”

2.15 子曰：“学而不思则罔①，思而不学则殆②。”

字词注解

①罔：迷惑、糊涂。②殆：疑惑、危险。

诠译

孔子说：“只读书学习，而不思考问题，就会惘然无知学不到什么；只空想而不读书学习，就会疑惑。”

2.16 子曰：“攻①乎异端②，斯③害也已④。”

字词注解

①攻：攻击。有人将“攻”解释为“治”，不妥。②异端：不正确的言论；另外、不同的一端。③斯：代词，这。④也已：这里用作语气词。

诠译

孔子说：“攻击那些不正确的言论，就可以消除祸害。”

原文

2.17 子曰："由[1]！诲女[2]知之乎！知之为知之，不知为不知，是知也。"

字词注解

①由：姓仲名由，字子路，生于公元前542年，孔子的学生，长期追随孔子。②女：同"汝"，你。

诠译

孔子说："由！我教给你的话，你懂了吧！知道就是知道，不知道就是不知道，这就是智慧啊！"

原文

2.18 子张[1]学干禄[2]。子曰："多闻阙[3]疑[4]，慎言其余，则寡尤[5]；多见阙殆，慎行其余，则寡悔。言寡尤，行寡悔，禄在其中矣。"

字词注解

①子张：姓颛孙名师，字子张，生于公元前503年，比孔子小四十八岁，孔子的学生。②干禄：干，求的意思。禄，即古代官吏的俸禄。干禄就是求取官职。③阙：缺。此处意为放置在一旁。④疑：怀疑。⑤寡尤：寡，少的意思。尤，过错。

诠译

子张要学谋取官职的办法。孔子说："要多听，有怀疑的地方先放在一边，对于有把握的也要谨慎说出，这样就可以少犯错误；要多看，有怀疑的地方先放在一旁，对于有把握的也要谨慎去做，这样就能减少后悔。说话过失少，做事后悔少，官职俸禄就在这里面了。"

2.19　哀公[1]问曰："何为则民服?"孔子对曰[2]："举直错诸枉[3]，则民服；举枉错诸直，则民不服。"

字词注解

①哀公：姓姬名蒋，"哀"是其谥号，鲁国国君，公元前494—前468年在位。②对曰：《论语》中记载对国君及在上位者问话的回答都用"对曰"，以表示尊敬。③举直错诸枉：举，选拔的意思。直，正直公平。错，同"措"，放置。枉，不正直。

诠译

鲁哀公问："要如何做才能使百姓服从呢?"孔子回答说："提拔刚正的人，把邪恶不正的人置于一旁，老百姓就会服从统治；提拔邪恶不正的人，把刚正的人置于一旁，老百姓就不会服从统治。"

2.20　季康子[1]问："使民敬、忠以[2]劝[3]，如之何?"子曰："临[4]之以庄，则敬；孝慈[5]，则忠；举善而教不能，则劝。"

字词注解

①季康子：姓季孙名肥，“康”是他的谥号，鲁哀公时任正卿，是当时政治上最有权势的人。②以：连接词，与“而”同。③劝：勉励。这里是自勉努力的意思。④临：对待。⑤孝慈：一说当政者自己孝慈；一说当政者引导老百姓孝慈。此处采用后者。

诠译

季康子问道：“要使老百姓尊重统治者、尽忠而努力干活，要如何做呢?”孔子说：“对待老百姓用尊敬的态度，他们就会尊敬你；你孝顺父母、友爱子弟，百姓就会尽忠于你；你选用善良的人，又教育能力差的人，百姓就会相互激励而努力了。”

原文

2.21 或[①]谓孔子曰：“子奚[②]不为政?”子曰：“《书》[③]云：‘孝乎惟孝，友于兄弟，施[④]于有政。’是亦为政，奚其为为政?”

字词注解

①或：有人。不定代词。②奚：疑问词，相当于“为什么”。③《书》：指《尚书》。④施：一作施行讲；一作延及讲。

诠译

有人对孔子说："你为什么不从事政治呢?"孔子回答说："《尚书》上说：'孝就是孝敬父母，友爱兄弟，然后把这个道理推行到政治上。'这就是从事政治，又要怎么做才是为政呢?"

2.22 子曰："人而无信，不知其可也。大车无輗[1]，小车无軏[2]，其何以行之哉?"

字词注解

①輗：音 ní，古代大车车辕前面横木上的木销子。大车指的是牛车。②軏：音 yuè，古代小车车辕前面横木上的木销子。没有輗和軏，车就不能走。

诠译

孔子说："一个人不讲信用，这是不可以的。就犹如大车没有輗，小车没有軏一样，它凭借什么行走呢?"

2.23 子张问："十世[1]可知也?"子曰："殷因[2]于夏礼，所损益[3]，可知也；周因于殷礼，所损益，可知也。其或继周者，虽百世，可知也。"

字词注解

①世：古时称三十年为一世。也有的把“世”解释为朝代。②因：因袭、沿用、继承。③损益：减少和增加，即优化、变动之义。

诠译

子张问孔子：“能够提前知道今后十世（的礼仪制度）吗?”孔子说：“商朝继承了夏朝的礼仪制度，增减的内容都可以知道；周朝又继承商朝的礼仪制度，增减的内容也可以知道。将来有继承周朝的，就是一百世以后的情况，也是可以提前知道的。”

2.24　子曰：“非其鬼[1]而祭之，谄[2]也。见义[3]不为，无勇也。”

字词注解

①鬼：有两种解释：一是指鬼神；二是指死去的祖先。这里泛指鬼神。②谄：谄媚、阿谀。③义：人应该做的事就是义。

诠译

孔子说：“不是你应该祭的鬼神，你却去祭它，这可称为谄媚。遇到应该挺身而出的事情，却袖手旁观，这可称为怯懦。”

八佾篇第三

本篇简介

本篇共二十六章，主要讲述的是关于“礼”的问题，主张维护礼在制度上、礼节上的种种规定；孔子提出“绘事后素”的命题，表达了他的伦理思想以及“君使臣以礼，臣事君以忠”的政治伦理道德主张。

3.1 孔子谓季氏[①]，“八佾[②]舞于庭，是可忍[③]也，孰不可忍也?”

字词注解

①季氏：鲁国正卿季孙氏，即季平子。②八佾：佾，音 yì，行列的意思。古时一佾八个人，八佾就是六十四个人，据《周礼》规定，只有周天子才可以使用八佾，诸侯为六佾，卿大夫为四佾，士用二佾。季氏是正卿，只能用四佾。③可忍：可以忍心。一说可以容忍。

诠译

孔子谈到季氏，说：“他用六十四人在自己的庭院中奏乐舞蹈，这样的事他都忍心去做，还会有什么事情做不出来吗？”

3.2　三家[①]者以《雍》[②]彻。子曰：“‘相维辟公，天子穆穆[③]’，奚取于三家之堂[④]？”

字词注解

①三家：鲁国当政的三家：孟孙氏、叔孙氏、季孙氏。他们都是鲁桓公的后代，又称“三桓”。②《雍》：古代天子祭宗庙完毕，撤去祭品时唱这首诗。③相维辟公，天子穆穆：相，助。维，语助词，无意义。辟公，指诸侯。穆穆，庄严肃穆。④堂：祭祖的地方。

诠译

孟孙氏、叔孙氏、季孙氏三家在祭祖完毕撤去祭品时，也命乐工唱《雍》这篇诗。孔子说：“（《雍》诗上这两句）‘助祭的是诸侯，天子严肃静穆地在那里主祭’，如此含义，怎么可以用在你三家的庙堂里呢？”

3.3　子曰：“人而不仁，如礼何？人而不仁，如乐何？”

诠译

孔子说：“一个人没有仁德，那么如何能实行礼呢？一个人没有仁德，那么如何能运用乐呢？”

原文

3.4　林放①问礼之本。子曰：“大哉问！礼，与其奢也，宁俭。丧，与其易②也，宁戚③。”

字词注解

①林放：鲁国人。②易：治理。③戚：心中悲哀的意思。

诠译

林放问礼的根本是什么。孔子回答说：“你问的问题有很大的意义！就礼节仪式的一般情况而言，与其奢侈，不如节俭。就丧事而言，与其仪式上治办周备，不如内心真正悲伤。”

原文

3.5　子曰：“夷狄①之有君，不如诸夏②之亡③也。”

字词注解

①夷狄：古代中原地区的人对周边地区的贬称，谓之不开化，缺乏教养，不知书达礼。②诸夏：古代中原地区华夏族的自称。③亡：同“无”。古书中的“无”字多写作“亡”。

诠译

孔子说："夷狄（文化落后）尽管有君主，还比不上中原诸国没有君主呢。"

3.6　季氏旅[1]于泰山。子谓冉有[2]曰："女[3]弗能救[4]与?"对曰："不能。"子曰："呜呼！曾谓泰山不如林放乎?"

字词注解

①旅：祭名。祭祀山川为旅。当时，只有天子和诸侯才有祭祀名山大川的资格。②冉有：姓冉名求，字子有，生于公元前522年，孔子的弟子，比孔子小二十九岁。当时是季氏的家臣，所以孔子责备他。③女：同"汝"，你。④救：挽求、劝阻的意思。这里指谏止。

诠译

季孙氏去祭祀泰山。孔子对冉有说："你难道不能劝阻他吗?"冉有说："不能（劝阻他）。"孔子说："唉！难道说泰山神还比不上林放通晓礼吗?"

3.7　子曰："君子无所争。必也射[1]乎！揖[2]让而升，下而饮。其争也君子。"

字词注解

①射：原意为射箭。此处指古代的射礼。②揖：拱手行礼，表示尊敬。

诠译

孔子说："君子没有什么可与别人争的事情。如果有，应该就是射箭比赛了！比赛时，相互作揖谦让之后再上场；射完后，相互作揖再退下来，然后登堂喝酒。这就是君子之争。"

原文

3.8　子夏问曰："'巧笑倩兮，美目盼兮，素以为绚兮[①]。'何谓也？"子曰："绘事后素[②]。"曰："礼后乎？"子曰："起予者商也[③]！始可与言《诗》已矣。"

字词注解

①巧笑倩兮，美目盼兮，素以为绚兮：前两句见《诗经·卫风·硕人》篇。倩，音 qiàn，笑得好看。兮，语助词，相当于"啊"。盼，眼睛黑白分明。绚，有文采。②绘事后素：绘，画。素，白底。③起予者商也：起，启发。予，我，孔子自指。商，子夏名商。

诠译

子夏问孔子："'笑得真好看啊，美丽的眼睛真明亮啊，用素粉来打扮啊。'这几句话的意思是什么呢？"孔子回答："这是说先有白底然后画画。"子夏又问："那么，是不是说礼也是后起的事呢？"孔子说："商，你是能够给

我启发的人啊！现在可以同你讨论《诗经》了。”

3.9　子曰：“夏礼，吾能言之，杞[①]不足征[②]也；殷礼，吾能言之，宋[③]不足征也。文献[④]不足故也。足，则吾能征之矣。”

字词注解

①杞：春秋时国名，是夏禹的后裔，在今河南杞县一带。②征：证明。③宋：春秋时国名，是商汤的后裔，在今河南商丘一带。④文献：文，指历史典籍。献，指贤人。

诠译

孔子说：“夏朝的礼，我可以说出来，（但是它的后代）杞国不足以证明我的话；殷朝的礼，我能说出来，（但它的后代）宋国不足以证明我的话。这都是由于杞国和宋国的典籍和贤者不足的缘故。若是足够，我就能够得到证明了。”

3.10　子曰：“禘[①]自既灌[②]而往者，吾不欲观之矣[③]。”

字词注解

①禘：音dì，古代只有天子才可以举行的祭祀祖先的非常隆重的典礼。②灌：禘礼中第一次献酒。③吾不欲观之矣：我不愿意看了。

孔子说：“对于行禘礼的仪式，从第一次献酒以后，我就不想再看了。”

3.11 或问禘之说[①]。子曰：“不知也。知其说者之于天下也，其如示诸斯[②]乎！”指其掌。

字词注解

①禘之说：说，理论、道理、规定。禘之说，意为关于禘祭的规定。②示诸斯：“斯”指后面的“掌”字。

诠译

有人询问孔子与举行禘祭有关的规定。孔子回答说：“我不知道。知道这种规定的人，对治理天下的事，就会像把这东西摆在这里一样（容易）吧！”（一面说，一面）指着他的手掌。

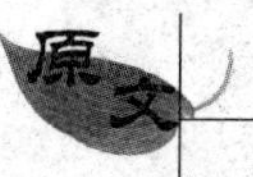

3.12 祭如在，祭神如神在。子曰：“吾不与祭，如不祭。”

诠译

祭祀祖先就像祖先真在面前，祭神就像神真在面前。孔子说：“我如果不亲自参加祭祀，那就和没有举行祭祀一样。”

3.13　**王孙贾[①]问曰："与其媚[②]于奥[③]，宁媚于灶[④]，何谓也？"子曰："不然。获罪于天[⑤]，无所祷也。"**

字词注解

①王孙贾：卫灵公的大臣，时任大夫。②媚：谄媚、巴结、奉承。③奥：这里指屋内位居西南角的神。④灶：这里指灶旁管烹饪的神。⑤天：以天喻君，一说天即理。

诠译

王孙贾问道："（人家都说）与其奉承奥神，还比不上奉承灶神。这是什么意思呢？"孔子说："不是这样的。若是得罪了天，那就没有地方可以祷告了。"

3.14　**子曰："周监[①]于二代[②]，郁郁[③]乎文哉！吾从周。"**

字词注解

①监：音jiàn，同"鉴"，借鉴的意思。②二代：这里指夏代和商代。③郁郁：文采盛貌，丰富、浓郁之意。

诠译

孔子说："周朝的礼仪制度借鉴于夏、商二代，是多么丰富浓郁啊！我遵从周朝（的制度）。"

3.15　子入大庙[①]，每事问。或曰："孰谓鄹[②]人之子知礼乎？入大庙，每事问。"子闻之，曰："是礼也。"

字词注解

①大庙：开国君主的庙。大，通"太"。鲁国太庙，即周公旦的庙，供鲁国祭祀周公。②鄹：音 zōu，春秋时鲁国地名，又写作"陬"，在今山东曲阜附近。"鄹人之子"指孔子。

诠译

孔子到了太庙，对于（看到的）每件事都要问。有人说："谁说这个人知礼呀？他到了太庙里，什么事都要问别人。"孔子听到此话，说："这就是礼呀！"

3.16　子曰："射不主皮[①]，为力不同科[②]，古之道也。"

字词注解

①皮：用兽皮做成的箭靶子。②科：等级。

诠译

孔子说："比赛射箭，不在于穿透靶子，因为每个人的力气等级都不一样，这是亘古不变的道理。"

3.17 子贡欲去告朔[1]之饩羊[2]。子曰："赐也！尔爱[3]其羊，我爱其礼。"

字词注解

①告朔：朔，农历每月初一为朔日。告朔，古代制度，天子每年秋冬之际，把第二年的历书颁发给诸侯，告知每个月的初一日。②饩羊：饩，音 xì。饩羊，祭祀用的活羊。③爱：爱惜的意思。

诠译

子贡提出去掉每月初一日告祭祖庙用的活羊。孔子说："赐！你爱惜的是那只羊，我爱惜的是那种礼。"

3.18 子曰："事君尽礼，人以为谄也。"

孔子说："我完全根据周礼的规定去侍奉君主，别人却认为是谄媚呢。"

3.19 定公[1]问："君使臣，臣事君，如之何？"孔子对曰："君使臣以礼，臣事君以忠。"

字词注解

①定公：鲁国国君，姓姬名宋，“定”是谥号。公元前509—前495年在位。

诠译

鲁定公问孔子：“君主怎样使唤臣子，臣子怎样侍奉君主呢？”孔子回答说：“君主应该以礼去使唤臣子，臣子应该以忠来侍奉君主。”

原文

3.20 子曰：“《关雎》[①]乐而不淫，哀而不伤。”

字词注解

①《关雎》：雎，音jū。这是《诗经》的第一篇。此篇写一君子“追求”淑女，思念时辗转反侧，寤寐思之的忧思，以及结婚时钟鼓乐之、琴瑟友之的欢乐。

诠译

孔子说：“《关雎》这篇诗，快乐而不放荡，忧愁而不哀伤。”

3.21　哀公问社[①]于宰我[②]。宰我对曰："夏后氏以松，殷人以柏，周人以栗，曰使民战栗[③]。"子闻之，曰："成事不说，遂事不谏，既往不咎。"

字词注解

①社：土地神，祭祀土地神的庙也称社。②宰我：名予，字子我，孔子的学生。③战栗：恐惧，发抖。

诠译

鲁哀公向宰我询问社主所用木质的问题。宰我回答："夏朝用松树，商朝用柏树，周朝用栗子树，（栗子树的含义是）使老百姓战栗。"孔子听到后，说："已经完成的事没必要提了，已经终了的事没必要再去劝阻了，已经过去的事也没必要再追究了。"

3.22　子曰："管仲[①]之器小哉！"或曰："管仲俭乎？"曰："管氏有三归[②]，官事不摄[③]，焉得俭？""然则管仲知礼乎？"曰："邦君树塞门[④]，管氏亦树塞门。邦君为两君之好，有反坫[⑤]，管氏亦有反坫。管氏而知礼，孰不知礼？"

字词注解

①管仲：姓管名夷吾，齐国人，春秋时期的法家先驱。齐桓公的宰相，辅助齐桓公成为诸侯的霸主，公元前645年死。②三归：相传是三处藏钱币

的府库。③摄：兼任。④树塞门：树，树立。塞门，在大门口筑的一道短墙，以别内外，相当于屏风、照壁等。⑤反坫：坫，音 diàn。古代君主招待别国国君时，放置献过酒的空杯子的土台。

诠译

孔子说："管仲这个人的器量真是小啊！"有人说："管仲节俭吗？"孔子说："他有三处豪华的藏金府库，家里的管事每个各司一职而不兼任，怎么能说他是节俭呢？"那人又问："那么管仲知礼吗？"孔子回答："国君大门口设立照壁，管仲在大门口也设立照壁。国君同别国国君举行会见时在堂上设有放空酒杯的台子，管仲也有这样的台子。若是说管仲知礼，那么还有谁不知礼呢？"

3.23 子语[1]鲁大师[2]乐，曰："乐其可知也：始作，翕[3]如也；从[4]之，纯[5]如也，皦[6]如也，绎[7]如也，以成。"

字词注解

①语：音 yù，告诉，动词用法。②大师：大，通"太"。大师是乐官名。③翕：音 xī，意为合、聚、协调。④从：音 zòng，意为放纵、展开。⑤纯：美好、和谐。⑥皦：音 jiǎo，音节分明。⑦绎：连续不断。

诠译

孔子对鲁国乐官谈论演奏音乐的道理，说："奏乐的道理是能够明白的：开始演奏，各种乐器合奏，声音繁美；继续展开下去，悠扬悦耳，音节分明，毫不间断，最后完成。"

3.24 仪封人[1]请见，曰："君子之至于斯也，吾未尝不得见也。"从者见之[2]。出曰："二三子何患于丧[3]乎？天下之无道也久矣，天将以夫子为木铎[4]。"

字词注解

①仪封人：仪为地名，在今河南兰考境内。封人，系镇守边疆的官。②从者见之：随行的人见了他。③丧：失去，这里指失去官职。④木铎：木舌的铜铃。古代天子发布政令时摇它以召集听众。

诠译

仪这个地方的长官请求见孔子，他说："只要是到达这个地方的君子，我从没有见不到的。"孔子的随从学生引他去见了孔子。他出来后（对孔子的学生们）说："你们几位何必为没有官位而发愁呢？天下无道已经很长时间了，上天将以孔夫子为圣人来号令天下。"

3.25 子谓《韶》[1]，"尽美[2]矣，又尽善[3]也。"谓《武》[4]，"尽美矣，未尽善也。"

字词注解

①《韶》：相传是古代歌颂虞舜的一种乐舞。②美：指乐曲的音调、舞蹈的形式而言。③善：指乐舞的思想内容而言。④《武》：相传是歌颂周武王的一种乐舞。

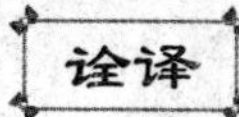

孔子讲到《韶》这一乐舞时说："艺术形式美极了，内容也很好。"谈到《武》这一乐舞时说："艺术形式很美，但是内容逊色一些。"

3.26　子曰："居上不宽，为礼不敬，临丧不哀，吾何以观之哉？"

诠译

孔子说："居于上位的人，不能宽厚待人，行礼的时候不严肃，参加丧礼时也不悲哀，这种情况我怎么看得下去呢？"

里仁篇第四

本篇简介

本篇共二十六章，主要内容包括仁德的问题、义与利的关系问题、个人的道德修养问题、孝敬父母的问题以及君子与小人的区别。其中还涉及了儒家的若干重要范畴、原则和理论，都对后世产生过较大影响。

原文

4.1　子曰："里仁为美[①]。择不处[②]仁，焉得知[③]？"

①里仁为美：里，住处，借作动词用。住在有仁者的地方才好。②处：居住。③知：音 zhì，同"智"。

诠译

孔子说："跟有仁德的人住在一起，才是好的。如果你选择的住处不是跟有仁德的人在一起，怎么能说你是明智的呢?"

4.2　子曰："不仁者不可以久处约[①]，不可以长处乐。仁者安仁[②]，知者利仁[③]。"

字词注解

①约：穷困、困窘。②安仁：安于仁道。③利仁：认为仁有利于自己才去行仁。

诠译

孔子说："不讲仁德的人不能长久地处在贫困中，也不能长久地处在安乐中。仁人是安于仁道的，有智慧的人则是知道仁对自己有利才去行仁的。"

4.3　子曰："唯仁者能好[①]人，能恶[②]人。"

字词注解

①好：音 hào，喜爱的意思。作动词。②恶：音 wù，憎恶、讨厌。作动词。

诠译

孔子说："只有那些有仁德的人，才能真正喜爱人和厌恶人。"

4.4 子曰："苟志于仁矣，无恶也。"

诠译

孔子说："如果立志于仁，就不会做坏事了。"

4.5 子曰："富与贵，是人之所欲也；不以其道得之，不处也。贫与贱，是人之所恶也；不以其道得之，不去也。君子去仁，恶乎成名？君子无终食之间违仁，造次必于是，颠沛必于是。"

诠译

孔子说："富裕和显贵是人人都想要得到的，但不用正当的方法得到它，就不会去享受的。贫穷与低贱是人人都厌恶的，但不用正当的方法去摆脱它，就不会除去的。君子如果离开了仁德，又怎么能叫君子呢？君子没有一顿饭的时间背离仁德的，就是在最紧迫的时刻也必须按照仁德办事，就是在颠沛流离的时候，也一定会按仁德去办事的。"

4.6　子曰：“我未见好仁者，恶不仁者。好仁者，无以尚之；恶不仁者，其为仁矣，不使不仁者加乎其身。有能一日用其力于仁矣乎？我未见力不足者。盖有之矣，我未之见也。”

诠译

孔子说：“我没有见过爱好仁德的人，也没有见过厌恶不仁的人。爱好仁德的人，是不能再好的了；厌恶不仁的人，在实行仁德的时候，不让不仁德的人影响自己。有谁能够在一天内把自己的力量都用在实行仁德上呢？我没有见力量不够的。这种人可能存在，但我没见过。”

4.7　子曰：“人之过也，各于其党。观过，斯知仁矣。”

诠译

孔子说：“人的过失，总是与他那个集团的人所犯错误性质是一样的。所以，考察一个人所犯的错误，就可以知道他有没有仁德了。”

4.8　子曰：“朝闻道，夕死可矣。”

诠译

孔子说："早上领悟了真理，就是当天晚上死去也值得。"

4.9　子曰："士志于道，而耻恶衣恶食者，未足与议也。"

诠译

孔子说："士有志于（学习和实行圣人的）道理，但又以自己吃穿得不好为耻辱，对这种人，是不值得与他谈论道的。"

4.10　子曰："君子之于天下也，无适[①]也，无莫[②]也，义[③]之与比[④]。"

字词注解

①适：音 dí，意为亲近、厚待。②莫：疏远、冷淡。③义：适宜、妥当。④比：亲近、相近、靠近。

诠译

孔子说："君子对于天下的人和事，没有固定的厚薄亲疏，只是按照义去做。"

4.11　子曰："君子怀[①]德，小人怀土[②]；君子怀刑[③]，小人怀惠。"

字词注解

①怀：思念。②土：乡土。③刑：法制惩罚。

诠译

孔子说："君子想念的是道德，小人想念的是乡土；君子想念的是法制，小人想念的是恩惠。"

4.12　子曰："放[①]于利而行，多怨[②]。"

字词注解

①放：音fǎng，同"仿"，效法，引申为追求。②怨：别人的怨恨。

诠译

孔子说："行动是为了追求利益，就会招致更多的怨恨。"

4.13　子曰："能以礼让为国乎，何有[①]？不能以礼让为国，如礼何[②]？"

字词注解

①何有：全意为“何难之有”，即不难的意思。②如礼何：如何能实行礼呢？

孔子说：“能够用礼让原则来治理国家，那还有什么困难呢？不能用礼让原则来治理国家，怎么能实行礼呢？”

原文

4.14　子曰：“不患无位，患所以立。不患莫己知，求为可知也。”

孔子说：“不怕没有官位，就怕自己没有学到赖以站得住脚的东西。不怕没有人了解自己，只求自己成为有真才实学值得被人们了解的人。”

原文

4.15　子曰：“参乎！吾道一以贯之。”曾子曰：“唯。”子出，门人问曰：“何谓也？”曾子曰：“夫子之道，忠恕而已矣。”

诠译

孔子说：“参啊！我讲的道是由一个基本的思想贯彻始终的。”曾子说：“是。”孔子出去之后，同学便问曾子：“这是什么意思？”曾子说：“老师的道，就是忠恕二字罢了。”

4.16 子曰：“君子喻于义，小人喻于利。”

诠译

孔子说：“君子明白大义，小人只知道小利。”

4.17 子曰：“见贤思齐焉，见不贤而内自省也。”

诠译

孔子说：“见到贤人，就应该向他学习、看齐，见到不贤的人，就要反省（自己有没有与他类似的错误）。”

4.18 子曰：“事父母几[①]谏，见志不从，又敬不违，劳[②]而不怨。”

字词注解

①几：音jī，轻微、婉转。②劳：忧愁、烦劳。

诠译

孔子说："侍奉父母，（如果父母有不对的地方）要委婉地劝说他们，（自己的意见表达了）见父母心里不愿听从，还是要对他们恭恭敬敬，并不违抗，替他们操劳而不怨恨。"

4.19　子曰："父母在，不远游[①]，游必有方[②]。"

字词注解

①游：指游学、游宦、经商等外出活动。②方：一定的地方。

诠译

孔子说："父母在世，不去远方游学；如果不得已要出远门，也必须有确定的地方。"

4.20　子曰："三年无改于父之道，可谓孝矣。"

诠译

见《学而篇》1.11。

4.21　子曰：“父母之年，不可不知也。一则以喜，一则以惧。”

诠译

孔子说：“父母的年纪，是不可以不知道的。一方面为他们的长寿而高兴，一方面又为他们的衰老而忧惧。”

4.22　子曰：“古者言之不出，耻躬之不逮也。”

诠译

孔子说：“古代人不轻易把话说出口，他们以自己做不到为耻辱啊。”

4.23　子曰：“以约[1]失之者鲜[2]矣。”

字词注解

①约：约束。这里指“约之以礼”。②鲜：少的意思。

诠译

孔子说：“用礼来约束自己，再犯错误的人就少了。”

原文

4.24 子曰：“君子欲讷[1]于言而敏[2]于行。”

字词注解

①讷：迟钝。这里指说话要谨慎。②敏：敏捷、快速的意思。

诠译

孔子说：“君子说话要谨慎，而行动要敏捷。”

原文

4.25 子曰：“德不孤，必有邻。”

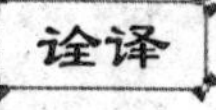

诠译

孔子说：“有道德的人是不会孤立的，一定会有思想一致的人与他相处。”

4.26　**子游曰："事君数[1]，斯[2]辱矣。朋友数，斯疏矣。"**

字词注解

①数：音 shuò，屡次、多次，引申为烦琐的意思。②斯：就。

诠译

子游说："频繁地侍奉君主，就会受到侮辱。对待朋友太烦琐，就会被疏远。"

公冶长篇第五

本篇简介

本篇共二十八章，内容以谈论仁德为主。在本篇中，孔子和他的弟子们从各个侧面探讨仁德的特征。这些思想对后世产生过较大影响。公冶长是孔子的学生，在《史记·仲尼弟子列传》，乃至《孔子家语》中，公冶长的资料都有限。

5.1　子谓公冶长①："可妻也。虽在缧绁②之中，非其罪也。"以其子③妻之。

字词注解

①公冶长：姓公冶名长，齐国人，孔子的弟子。②缧绁：音 léi xiè，捆绑犯人用的绳索，这里借指牢狱。③子：古时无论儿、女均称子。

诠译

孔子评论公冶长说："可以把女儿嫁给他做妻子。他虽然被关在牢狱里，但这并不是他的罪过呀。"于是，孔子就把自己的女儿嫁给了他。

5.2　**子谓南容[1]：“邦有道[2]，不废[3]；邦无道，免于刑戮[4]。”以其兄之子妻之。**

字词注解

①南容：姓南宫名适（音 kuò），字子容。②道：孔子这里所讲的道，是说国家的政治符合最高的和最好的原则。③废：废置，不任用。④刑戮：刑罚。

诠译

孔子评论南容说：“国家有道时，他有官做；国家无道时，他也可以免去刑戮。”于是把自己的侄女嫁给他做妻子。

5.3　**子谓子贱[1]：“君子哉若人[2]！鲁无君子者，斯焉取斯[3]？”**

字词注解

①子贱：姓宓（音 mì），名不齐，字子贱。生于公元前521年，比孔子小四十九岁。②若人：这个人，此人。③斯焉取斯：斯，此。第一个“斯”指子贱，第二个“斯”字指子贱的品德。

诠译

孔子评论子贱说："这个人真是个君子呀！如果鲁国没有君子的话，他这种品德是从哪儿学来的这种品德呢？"

原文

5.4　子贡问曰："赐也何如？"子曰："女，器也。"曰："何器也？"曰："瑚琏[1]也。"

字词注解

①瑚琏：古代祭祀时盛粮食用的器具。

诠译

子贡问孔子："你觉得我怎么样？"孔子说："你呀，就好像一个器具。"子贡又问："是什么器具呢？"孔子说："是瑚琏。"

原文

5.5　或曰："雍[1]也仁而不佞[2]。"子曰："焉用佞？御人以口给[3]，屡憎于人。不知其仁[4]，焉用佞？"

字词注解

①雍：姓冉名雍，字仲弓，生于公元前522年，孔子的学生。②佞：音nìng，能言善辩，有口才。③口给：言语便捷、嘴快话多。④不知其仁：指有口才者有仁与否不可知。

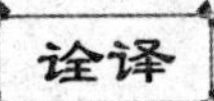

诠译

有人说："冉雍这个人有仁德但没有口才。"孔子说："何必要卖弄自己的口才呢？靠伶牙俐齿和人辩论，常常招致别人的讨厌。这样的人我不知道他是不是做到仁，但何必要能言善辩呢？"

原文

5.6 子使漆雕开[1]仕。对曰："吾斯之未能信。"子说[2]。

字词注解

①漆雕开：姓漆雕名开，字子开，一说字子若，生于公元前540年，孔子的门徒。②说：音yuè，同"悦"。

诠译

孔子让漆雕开去做官。漆雕开回答说："我对做官这件事还没有信心。"孔子听了很高兴。

原文

5.7 子曰："道不行，乘桴[1]浮于海。从[2]我者，其由与？"子路闻之喜。子曰："由也好勇过我，无所取材。"

字词注解

①桴：音fú，用来过河的木筏子。②从：跟随、随从。

诠译

孔子说："若我的主张行不通，我就乘上木筏子到海外去。能跟从我的大概是仲由吧?"子路听到这话很高兴。孔子说："仲由这个人好勇超过了我，没有其他可取的才能。"

原文

5.8　孟武伯问："子路仁乎?"子曰："不知也。"又问。子曰："由也，千乘之国，可使治其赋[①]也，不知其仁也。""求也何如?"子曰："求也，千室之邑[②]，百乘之家[③]，可使为之宰[④]也，不知其仁也。""赤[⑤]也何如?"子曰："赤也，束带立于朝[⑥]，可使与宾客[⑦]言也，不知其仁也。"

字词注解

①赋：兵赋，向居民征收的军事费用。②千室之邑：邑，是古代居民的聚居点，大致相当于后来城镇。有一千户人家的大邑。③百乘之家：指卿大夫的采地，当时大夫有车百乘，是采地中的较大者。④宰：家臣、总管。⑤赤：姓公西名赤，字子华，生于公元前509年，孔子的学生。⑥束带立于朝：指穿着礼服立于朝廷。⑦宾客：指一般客人和来宾。

诠译

孟武伯问孔子："子路做到仁了吗?"孔子说："我不知道。"孟武伯又问。孔子说："仲由嘛，在拥有一千辆兵车的国家里，可以让他管理军事，但

我不知道他是不是做到了仁。”孟武伯又问：“冉求这个人怎么样？”孔子说：“冉求这个人，可以让他在一个有千户人家的公邑或有一百辆兵车的采邑里当总管，但我也不知道他是不是做到了仁。”孟武伯又问：“公西赤又怎么样呢？”孔子说：“公西赤嘛，可以让他穿着礼服，站在朝廷上，接待贵宾，我也不知道他是不是做到了仁。”

5.9　子谓子贡曰：“女与回也孰愈[1]？”对曰：“赐也何敢望回？回也闻一以知十[2]，赐也闻一以知二[3]。”子曰：“弗如也，吾与[4]女弗如也。”

字词注解

①愈：胜过、超过。②十：指数的全体，旧注云：一，数之始；十，数之终。③二：旧注云：二者，一之对也。④与：赞同、同意。

诠译

孔子对子贡说：“你和颜回两个相比，哪个更优秀一些呢？”子贡回答说：“我怎么敢和颜回相比呢？颜回他听到一件事就可以推知十件事；我呢，知道一件事，只能推知两件事。”孔子说：“是不如他呀，我赞同你的说法。”

5.10　宰予昼寝。子曰：“朽木不可雕也，粪土[1]之墙不可杇[2]也。于予与何诛[3]？”子曰：“始吾于人也，听其言而信其行；今吾于人也，听其言而观其行。于予与[4]改是。”

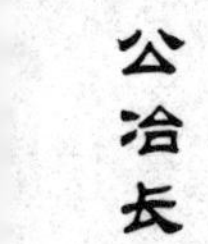

字词注解

①粪土：腐土、脏土。②杇：音 wū，抹墙用的抹子。这里指用抹子粉刷墙壁。③诛：意为责备、批评。④与：语气词。

诠译

宰予大白天睡觉。孔子说："腐朽的木头无法雕刻，粪土垒的墙壁无法粉刷。对于宰予这个人，责备还有什么用呢？"孔子说："起初我对于人，是听了他说的话便相信了他的行为；现在我对于人，听了他讲的话还要观察他的行为。在宰予这里我改变了观察人的方法。"

原文

5.11　子曰："吾未见刚者。"或对曰："申枨[①]。"子曰："枨也欲，焉得刚？"

字词注解

①申枨：枨，音 chéng。姓申名枨，字周，孔子的学生。

诠译

孔子说："我没有见过刚强的人。"有人回答说："申枨就是刚强的。"孔子说："申枨这个人有很大的欲望，怎么能刚强呢？"

5.12 子贡曰："我不欲人之加诸我也，吾亦欲无加诸人。"子曰："赐也，非尔所及也。"

诠译

子贡说："我不愿别人强加于我的事，我也不愿强加在别人身上。"孔子说："赐呀，这就不是你所能做到的了。"

5.13 子贡曰："夫子之文章[①]，可得而闻也。夫子之言性[②]与天道[③]，不可得而闻也。"

字词注解

①文章：这里指孔子传授的诗、书、礼、乐等。②性：人性。③天道：天命。

诠译

子贡说："老师讲授的知识，通过耳闻是可以学到的。老师讲授的关于人性和天道的理论，通过耳闻是无法学到的。"

5.14 子路有闻，未之能行，惟恐有闻。

诠译

子路在听到一条道理但没有能亲自实行的时候，害怕又听到新的道理。

原文

5.15　子贡问曰：“孔文子[1]何以谓之‘文’也？”子曰：“敏[2]而好学，不耻下问，是以谓之‘文’也。”

字词注解

①孔文子：卫国大夫孔圉（音 yǔ），“文”是谥号，“子”是尊称。②敏：敏捷、勤勉。

诠译

子贡问道：“为什么给孔文子一个‘文’的谥号呢？”孔子说：“他聪敏勤勉而好学，不以向比他地位卑下的人请教为耻，所以给他谥号叫‘文’。”

原文

5.16　子谓子产[1]：“有君子之道四焉：其行己也恭，其事上也敬，其养民也惠，其使民也义。”

字词注解

①子产：姓公孙，名侨，字子产，郑国大夫，做过正卿，是郑穆公的孙子，为春秋时郑国的贤相。

诠译

孔子评论子产说："他有君子的四种道德：他自己行为庄重，他侍奉君主恭敬，他养护百姓有恩惠，他役使百姓有法度。"

5.17　子曰："晏平仲①善与人交，久而敬之②。"

字词注解

①晏平仲：齐国的贤大夫，名婴。《史记》卷六十二《管晏列传》中有记载。"平"是他的谥号。②之：这里指晏平仲。

诠译

孔子说："晏平仲善于与人交朋友，认识越久别人越尊敬他。"

5.18　子曰："臧文仲①居蔡②，山节藻棁③，何如其知也？"

字词注解

①臧文仲：姓臧孙名辰，"文"是他的谥号。因不遵守周礼，被孔子指责为"不仁""不智"。②蔡：国君用以占卜的大龟。蔡这个地方产龟，所以把大龟叫作蔡。③山节藻棁：节，柱上的斗拱。棁，音 zhuō，房梁上的短柱。把斗拱雕成山形，在棁上绘以水草花纹。这是古时装饰天子宗庙的做法。

诠译

孔子说：“臧文仲藏了一只大龟，藏龟的屋子斗拱雕成山的形状，短柱上画以水草花纹，他这个人能说是智慧吗？”

5.19　子张问曰：“令尹子文[①]三仕为令尹，无喜色；三已[②]之，无愠色。旧令尹之政，必以告新令尹。何如？”子曰：“忠矣。”曰：“仁矣乎？”曰：“未知，焉得仁？”“崔子[③]弑[④]齐君[⑤]，陈文子[⑥]有马十乘，弃而违之。至于他邦，则曰：‘犹吾大夫崔子也。’违之。之一邦，则又曰：‘犹吾大夫崔子也。’违之。何如？”子曰：“清矣。”曰：“仁矣乎？”曰：“未知，焉得仁？”

字词注解

①令尹子文：令尹，楚国的官名，相当于宰相。子文是楚国的著名宰相。②三已：三，指多次。已，罢免。③崔子：齐国大夫崔杼（音 zhù），曾杀死齐庄公，在当时引起极大反响。④弑：地位在下的人杀了地位在上的人。⑤齐君：即指被崔杼所杀的齐庄公。⑥陈文子：陈国大夫，名须无。

诠译

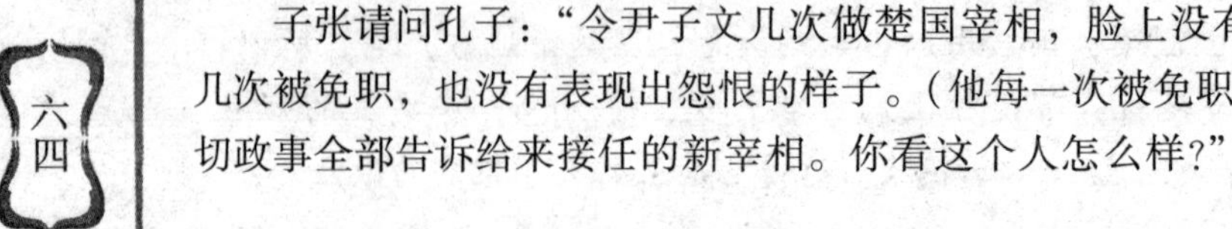

子张请问孔子：“令尹子文几次做楚国宰相，脸上没有显出高兴的样子；几次被免职，也没有表现出怨恨的样子。（他每一次被免职）一定把自己的一切政事全部告诉给来接任的新宰相。你看这个人怎么样？”孔子说：“可算得

是忠了。”子张问：“算得上仁了吗？”孔子说：“不知道，这怎么能算得上仁呢？”（子张又问：）“崔杼杀了他的君主齐庄公，陈文子家有四十匹马，都舍弃不要了，离开了齐国。到了另一个国家，他说：‘这里的执政者也和我们齐国的大夫崔子差不多。’就离开了。到了另一个国家，又说：‘这里的执政者也和我们的大夫崔子差不多。’又离开了。这个人你看怎么样？”孔子说：“可算得上清高了。”子张说：“可说是仁了吗？”孔子说：“不知道，这怎么能算得上仁呢？”

5.20 季文子[1]三思而后行。子闻之，曰：“再，斯[2]可矣。”

字词注解

①季文子：即季孙行父，鲁成公、鲁襄公时任正卿，“文”是他的谥号。②斯：就。

诠译

季文子每件事都要考虑很久才去做。孔子听到了，说：“考虑两次也就行了。”

5.21 子曰：“宁武子[1]，邦有道，则知；邦无道，则愚[2]。其知可及也，其愚不可及也。”

字词注解

①宁武子：姓宁名俞，卫国大夫，"武"是他的谥号。②愚：这里是装傻的意思。

诠译

孔子说："宁武子这个人，当国家有道时，他就显得聪明；当国家无道时，他就装傻。他的聪明别人可以做到，他的装傻别人却做不到。"

5.22　子在陈[①]，曰："归与！归与！吾党之小子[②]狂简[③]，斐然[④]成章，不知所以裁[⑤]之。"

字词注解

①陈：古国名，大约在今河南东部和安徽北部一带。②吾党之小子：古代以五百家为一党。吾党，意即我的故乡。小子，指孔子在鲁国的学生。③狂简：志向远大但行为粗率简单。④斐然：斐，音 fěi，有文采的样子。⑤裁：裁剪，节制。

诠译

孔子在陈国，说："回去吧！回去吧！家乡的学生志向远大，行为粗率，具有文采，但还不知道怎样来节制自己。"

5.23　子曰："伯夷、叔齐[①]不念旧恶[②]，怨是用希[③]。"

字词注解

①伯夷、叔齐：商朝末年孤竹君的两个儿子。②旧恶：宿怨。③希：同"稀"。

诠译

孔子说："伯夷、叔齐两个人不计较过去的仇恨，（别人对他们的）怨恨因此也就少了。"

5.24　子曰："孰谓微生高[①]直？或乞醯[②]焉，乞诸其邻而与之。"

字词注解

①微生高：姓微生名高，鲁国人。当时人认为他直率。②醯：音 xī，即醋。

诠译

孔子说："谁说微生高这个人直率？有人向他讨点醋，他（不明确说没有，却暗地里）到他邻居家里讨了点给人家。"

5.25 子曰："巧言、令色、足恭[1]，左丘明[2]耻之，丘亦耻之。匿怨而友其人，左丘明耻之，丘亦耻之。"

字词注解

①足恭：一说是两只脚做出恭敬逢迎的姿态来讨好别人；另一说是过分恭敬。这里采用后说。②左丘明：姓左丘名明，鲁国人，相传是《左传》一书的作者。

诠译

孔子说："花言巧语，装出好看的脸色，低三下四地过分恭敬，左丘明认为这种人可耻，我也认为可耻。把怨恨装在心里，表面上却装出友好的样子，左丘明认为这种人可耻，我也认为可耻。"

5.26 颜渊、季路侍[1]。子曰："盍[2]各言尔志？"子路曰："愿车马衣轻裘与朋友共敝之而无憾。"颜渊曰："愿无伐[3]善，无施劳[4]。"子路曰："愿闻子之志。"子曰："老者安之，朋友信之，少者怀之[5]。"

字词注解

①侍：服侍，站在旁边陪着尊贵者叫侍。②盍：何不。③伐：夸耀。④施劳：施，表白。劳，功劳。⑤少者怀之：让少者得到关怀。

诠译

颜渊、子路两人侍立在孔子身边。孔子说："你们何不各自说说自己的志向?"子路说："愿意拿出自己的车马、衣服、皮袍同我的朋友共同享用，用坏了也不抱怨。"颜渊说："我愿意不夸耀自己的长处，不表白自己的功劳。"子路向孔子说："（我们）愿意听听您的志向。"孔子说："（我的志向是）让年老的安心，让朋友们信任我，让年轻的子弟们怀念我。"

5.27　**子曰："已矣乎！吾未见能见其过而内自讼者也。"**

诠译

孔子说："算了吧！我没有见到能够看到自己的错误而又能从内心责备自己的人。"

5.28　**子曰："十室之邑，必有忠信如丘者焉，不如丘之好学也。"**

诠译

孔子说："十户人家的小村子，一定有像我这样讲忠信的人，只是比不上我好学罢了。"

雍也篇第六

本篇简介

本篇共三十章，篇中有数章谈到颜回，孔子对他的评价甚高。此外，本篇还涉及“中庸之道”“恕”的学说、“文质”思想，同时，还包括一些如何培养“仁德”的主张。

6.1 子曰：“雍也可使南面。”

诠译

孔子说：“冉雍这个人可以让他去做一国之君。”

6.2 仲弓问子桑伯子[①]。子曰：“可也，简[②]。”仲弓曰：“居敬[③]而行简[④]，以临[⑤]其民，不亦可乎？居简而行简，无乃[⑥]大[⑦]简乎？”子曰：“雍之言然。”

字词注解

①子桑伯子：人名，此人生平不可考。②简：简要，不烦琐。③居敬：

为人严肃认真，依礼严格要求自己。④行简：指推行政事简而不繁。⑤临：面临、面对。此处有“治理”的意思。⑥无乃：岂不是。⑦大：同“太”。

诠译

仲弓问孔子子桑伯子这个人。孔子说：“还可以，办事简要而不烦琐。”仲弓说：“居心恭敬严肃而行事简要，像这样来治理百姓，不是也可以吗？(但是）自己马马虎虎，又以简要的方法办事，这岂不是太简单了吗？”孔子说：“冉雍，你这话说得对。”

6.3　哀公问：“弟子孰为好学？”孔子对曰：“有颜回者好学，不迁怒[①]，不贰过[②]。不幸短命死矣[③]。今也则亡[④]，未闻好学者也。”

字词注解

①不迁怒：不把对此人的怒气发泄到彼人身上。②不贰过：贰，重复、一再的意思。这是说不犯同样的错误。③短命死矣：颜回死时年仅三十一岁。④亡：同“无”。

诠译

鲁哀公问孔子：“你的学生中谁最好学呢？”孔子回答：“有一个学生叫颜回，从不迁怒于人，从不犯同样的错。他不幸短命死去了。现在已经没有这样的人了，我没再听说有谁还好学。”

6.4　**子华[1]使于齐，冉子[2]为其母请粟[3]。子曰："与之釜[4]。"请益。曰："与之庾[5]。"冉子与之粟五秉[6]。子曰："赤之适齐也，乘肥马，衣轻裘。吾闻之也：君子周[7]急不继富。"**

字词注解

①子华：姓公西名赤，字子华，孔子的学生，比孔子小四十二岁。②冉子：冉有，在《论语》书中被孔子弟子称为"子"的只有四五个人，冉有即其中之一。③粟：在古文中，粟与米连用时，粟指带壳的谷粒，去壳以后叫作米；粟字单用时，就是指米了。④釜：音fǔ，古代量名，一釜约等于六斗四升。⑤庾：音yǔ，古代量名，一庾等于二斗四升。⑥秉：古代量名，一秉等于十六斛。一斛等于十斗。⑦周：周济、救济。

诠译

子华出使齐国，冉求替他的母亲向孔子请求补助一些谷米。孔子说："给他六斗四升。"冉求请求再增加一些。孔子说："再给他二斗四升。"冉求却给他八十斛。孔子说："公西赤到齐国去，乘坐着肥马驾的车子，穿着又暖和又轻便的皮袍。我（曾经）听说过：君子只是周济急需救济的人，而不是为富人增加财富。"

6.5　**原思[1]为之宰[2]，与之粟九百[3]，辞。子曰："毋！以与尔邻里乡党乎！"**

字词注解

①原思：姓原，名宪，字子思，鲁国人。孔子的学生，生于公元前515年。孔子在鲁国任司法官的时候，原思曾做他家的总管。②宰：家宰，管家。③九百：没有说明单位是什么。

诠译

原思给孔子家当总管，孔子给他俸米九百，原思推辞不要。孔子说："不要推辞！（如果有余）给你的乡亲们吧！"

6.6　子谓仲弓，曰："犁牛[①]之子骍且角[②]，虽欲勿用[③]，山川[④]其舍诸[⑤]？"

字词注解

①犁牛：即耕牛。古代祭祀用的牛不能以耕牛代替，是红毛长角，单独饲养的。②骍且角：骍，音 xīng，红色。祭祀用的牛，毛色为红，角长得端正。③用：用于祭祀。④山川：山川之神。此喻上层统治者。⑤其舍诸：其，有"怎么会"的意思。舍，舍弃。诸，"之于"二字的合音。

诠译

孔子谈及仲弓，说："耕牛产下的牛犊长着红色的毛，角也长得整齐端正，人们虽想不用它做祭品，但山川之神难道会舍弃它吗？"

原文

6.7　子曰："回也，其心三月[①]不违仁，其余则日月[②]至焉而已矣。"

字词注解

①三月：指较长的时间。②日月：指较短的时间。

诠译

孔子说："颜回这个人，他的心可以在长时间内不违反仁德，其余的学生则只能在短时间内做到这些而已。"

原文

6.8　季康子[①]问："仲由可使从政也与？"子曰："由也果[②]，于从政乎何有？"曰："赐也可使从政也与？"曰："赐也达[③]，于从政乎何有？"曰："求也可使从政也与？"曰："求也艺[④]，于从政乎何有？"

字词注解

①季康子：公元前 492 年季康子继其父为鲁国正卿，此时孔子正在各地游说。八年以后，孔子返回鲁国，冉求正在帮助季康子推行革新措施。孔子于是对此三人做出了评价。②果：果断、决断。③达：通达、顺畅。④艺：有才能技艺。

诠译

季康子问孔子：“仲由这个人，可以让他管理国家政事吗？”孔子说：“仲由做事果断，对于管理国家政事有什么困难呢？”季康子又问：“端木赐这个人，可以让他管理国家政事吗？”孔子说：“端木赐通达事理，对于管理政事有什么困难呢？”又问：“冉求这个人，可以让他管理国家政事吗？”孔子说：“冉求有才能，对于管理国家政事有什么困难呢？”

6.9　季氏使闵子骞[①]为费[②]宰。闵子骞曰：“善为我辞焉！如有复我[③]者，则吾必在汶上[④]矣。”

字词注解

①闵子骞：姓闵名损，字子骞，鲁国人，孔子的学生，比孔子小 15 岁。②费：季氏的封邑，在今山东费县一带。③复我：再来召我。④汶上：汶，音 wèn，水名，即今山东大汶河，当时流经齐、鲁两国之间。在汶上，是说要离开鲁国到齐国去。

诠译

季氏派人请闵子骞去做费邑的长官。闵子骞（对来请他的人）说：“请你好好替我推辞吧！如果再来召我，那我一定跑到汶水那边去了。”

原文

6.10　伯牛[①]有疾，子问之，自牖[②]执其手，曰：“亡之[③]，命矣夫[④]！斯人也而有斯疾也！斯人也而有斯疾也！”

字词注解

①伯牛：姓冉名耕，字伯牛，鲁国人，孔子的学生。孔子认为他的“德行”较好。②牖：音 yǒu，窗户。③亡之：一作丧失解；一作死亡解。④夫：音 fú，语气词，相当于“吧”。

诠译

伯牛病了，孔子前去探望他，从窗户外面握着他的手说：“丧失了这个人，这是命里注定的吧！这样的人竟会得这样的病啊！这样的人竟会得这样的病啊！”

原文

6.11　子曰：“贤哉，回也！一箪[①]食，一瓢饮，在陋巷[②]，人不堪其忧，回也不改其乐[③]。贤哉，回也。”

字词注解

①箪：音 dān，古代盛饭用的竹器。②巷：此处指颜回的住处。③乐：乐于学。

诠译

孔子说："颜回是多么贤能的人啊！一箪饭，一瓢水，住在简陋的小屋里，别人都忍受不了这种穷困清苦，颜回却没有改变他好学的乐趣。颜回的品质是多么高尚啊！"

6.12　冉求曰："非不说[①]子之道，力不足也。"子曰："力不足者，中道而废。今女画[②]。"

字词注解

①说：同"悦"。②画：划定界限，停止前进。

诠译

冉求说："我不是不喜欢老师您所讲的道，而是我的能力达不到。"孔子说："能力不够是到半路才停下来。现在你是自己给自己划了界限而不再前进。"

6.13　子谓子夏曰："女为君子儒，无为小人儒。"

诠译

孔子对子夏说："你要做君子儒，不要做小人儒。"

原文

6.14　子游为武城[1]宰。子曰："女得人焉尔乎[2]？"曰："有澹台灭明[3]者，行不由径[4]，非公事，未尝至于偃[5]之室也。"

字词注解

①武城：鲁国的小城邑，在今山东费县境内。②焉尔乎：此三个字都是语助词。③澹台灭明：姓澹台，名灭明，字子羽，武城人，孔子弟子。④径：小路，引申为邪路。⑤偃：言偃，即子游，这是他自称其名。

诠译

子游做了武城的长官。孔子说："你在那里得到人才了吗？"子游回答："有一个叫澹台灭明的人，从来不走邪路，如果不是公事，从不到我屋子里来。"

原文

6.15　子曰："孟之反[1]不伐[2]，奔[3]而殿[4]，将入门，策其马，曰：'非敢后也，马不进也。'"

字词注解

①孟之反：名侧，鲁国大夫。②伐：夸耀。③奔：败走。④殿：殿后，在全军最后做掩护。

诠译

孔子说："孟之反不喜欢夸耀自己，败退的时候，他留在最后掩护全军；快进城门的时候，他鞭打着自己的马，说：'不是我敢于殿后，而是马儿不前进。'"

6.16　子曰："不有祝鮀[①]之佞，而[②]有宋朝之美，难乎免于今之世矣。"

字词注解

①祝鮀：鮀，音 tuó。字子鱼，卫国大夫，有口才，以能言善辩受到卫灵公重用。②而：这里是"与"的意思。

诠译

孔子说："如果没有祝鮀那样的口才，仅有宋朝的美貌，就很难在今天的社会上处世立足了。"

6.17　子曰："谁能出不由户？何莫由斯道也？"

诠译

孔子说："谁能不经过屋门而走出去呢？为什么没有人走（我所指出的）这条道路呢？"

原文

6.18　子曰："质[①]胜文[②]则野[③]，文胜质则史[④]。文质彬彬[⑤]，然后君子。"

字词注解

①质：朴实、自然，无修饰的。②文：文采，经过修饰的。③野：此处指粗鲁、鄙野，缺乏文采。④史：言词华丽，这里有虚伪、浮夸的意思。⑤彬彬：指文与质的配合很恰当。

诠译

孔子说："质朴多于文采，就像个乡下人；文采多于质朴，就流于虚伪、浮夸。只有质朴和文采相互配合，才是个君子。"

原文

6.19　子曰："人之生也直，罔[①]之生也幸而免。"

字词注解

①罔：诬罔不直的人。

诠译

孔子说："一个人的生存是由于正直，而不正直的人也能生存，是因为他侥幸地避免了灾祸。"

6.20　子曰："知之者不如好之者，好之者不如乐之者。"

诠译

孔子说："懂得它的人，不如喜爱它的人；喜爱它的人，又不如以它为乐的人。"

6.21　子曰："中人以上，可以语上也；中人以下，不可以语上也。"

诠译

孔子说："具有中等以上才智的人，可以讲授给他高深的学问；在中等水平以下的人，不可以给他讲高深的学问。"

6.22 樊迟问知[1]。子曰："务[2]民之义[3]，敬鬼神而远之，可谓知矣。"问仁。曰："仁者先难而后获，可谓仁矣。"

字词注解

①知：同"智"。②务：从事、致力于。③义：专用力于人道之所宜。

诠译

樊迟问孔子怎样才算是智。孔子说："专心致力于（提倡）老百姓应该遵从的道德，尊敬鬼神但要远离它，就可以说是智了。"樊迟又问怎样才是仁。孔子说："仁人对困难之事，做在人前面；有收获的结果，他退在人后，这可以说是仁了。"

6.23 子曰："知者乐水，仁者乐山[1]。知者动，仁者静。知者乐，仁者寿。"

字词注解

①知者乐水，仁者乐山：知，同"智"。乐，喜爱的意思。

诠译

孔子说："聪明人喜爱水，有仁德者喜爱山。聪明人性好动，仁德者性沉静。聪明人快乐，仁德者长寿。"

6.24　子曰："齐一变，至于鲁；鲁一变，至于道。"

诠译

孔子说："齐国一改变，可以达到鲁国的水平；鲁国一改变，就可以达到与道相合的程度。"

6.25　子曰："觚[①]不觚，觚哉！觚哉！"

字词注解

①觚：音 gū，古代盛酒的器具，上圆下方，有棱，容量约有二升。后来觚被改变了，所以孔子认为觚不像觚。

诠译

孔子说："觚不像个觚了，这还算是觚吗！这还算是觚吗！"

6.26　宰我问曰："仁者，虽告之曰'井有仁[1]焉'，其从之也？"子曰："何为其然也？君子可逝[2]也，不可陷[3]也；可欺也，不可罔也。"

字词注解

①仁：这里指有仁德的人。②逝：往。这里指到井边去看并设法救之。③陷：陷入。

诠译

宰我问道："对于有仁德的人，别人告诉他'井里掉下去一位仁人'，他会跟着下去吗？"孔子说："为什么要这样做呢？君子可以到井边去救，却不可以陷入井中；君子可能被欺骗，但不可能被迷惑。"

6.27　子曰："君子博学于文，约[1]之以礼，亦可以弗畔[2]矣夫[3]。"

字词注解

①约：一种释为约束；一种释为简要。②畔：同"叛"。③矣夫：语气词，表示较强烈的感叹。

诠译

孔子说："君子广泛地学习知识典籍，又以礼来约束自己，也就可以不离

经叛道了。”

6.28 **子见南子[①]，子路不说[②]。夫子矢[③]之曰：“予所否[④]者，天厌之！天厌之！”**

字词注解

①南子：卫国灵公的夫人，当时实际上左右着卫国政权，有淫乱的行为。②说：同“悦”。③矢：同“誓”，此处讲发誓。④否：不对，不是，指做了不正当的事。

诠译

孔子去见南子，子路不高兴。孔子发誓说：“如果我做了什么不正当的事，让上天谴责我吧！让上天谴责我吧！”

6.29 **子曰：“中庸[①]之为德也，其至矣乎！民鲜久矣。”**

字词注解

①中庸：中，谓之无过无不及。庸，平常。中庸是孔子倡导的道德标准，即中和可常行之道。

诠译

孔子说："中庸作为一种道德，该是最高的了吧！人们缺少这种道德已经为时很久了。"

原文

6.30　子贡曰："如有博施[①]于民而能济众[②]，何如？可谓仁乎?"子曰："何事于仁！必也圣乎！尧、舜[③]其犹病诸[④]！夫[⑤]仁者，己欲立而立人，己欲达而达人。能近取譬[⑥]，可谓仁之方也已。"

字词注解

①施：旧读shì，动词。②众：指众人。③尧、舜：传说中上古时代的两位帝王，也是孔子心目中的榜样。儒家认为是"圣人"。④病诸：病，担忧。诸，"之于"的合音。⑤夫：句首发语词。⑥能近取譬：能够就自身打比方。即推己及人的意思。

诠译

子贡说："假若有一个人，他能给老百姓很多好处又能周济大众，怎么样？可以算是仁人了吗?"孔子说："怎么能说只是个仁人呢！简直是圣人了！就连尧、舜尚且难以做到呢！至于仁人，就是要想自己站得住，也要帮助人家一同站得住；要想自己过得好，也要帮助人家一同过得好。凡事能就近以自己作比，而推己及人，可以说就是实行仁的方法了。"

述而篇第七

本篇简介

本篇共三十八章，主要内容包括孔子的教育思想和学习态度，孔子对仁德等重要道德问题的进一步阐释，以及孔子的其他思想主张。

7.1　子曰：“述而不作①，信而好古，窃②比于我老彭。”

字词注解

①述而不作：述，传述。作，创造。②窃：私自、私下。

诠译

孔子说：“只传述不创作，相信而且喜好古代的东西，私下里我把自己比做老彭。”

7.2　子曰：“默而识①之，学而不厌，诲②人不倦，何有于我哉③？”

字词注解

①识：音 zhì，记住的意思。②诲：教诲。③何有于我哉：对我有什么难呢？

诠译

孔子说："默默地记住（所学的知识），学习不觉得厌烦，教人不知道疲倦，我能有什么不能做到的呢？"

原文

7.3 子曰："德之不修，学之不讲，闻义不能徙[①]，不善不能改，是吾忧也。"

字词注解

①徙：音 xǐ，迁移。此处指靠近义、做到义。

诠译

孔子说："（许多人）对品德不去修养，学问不去讲求，听到义不能去做，有了不善的事不能改正，这些都是我所忧虑的事情。"

原文

7.4 子之燕居[①]，申申[②]如也，夭夭[③]如也。

字词注解

①燕居：安居、家居、闲居。②申申：衣冠整洁。③夭夭：行动迟缓、斯文和舒和的样子。

诠译

孔子闲居在家里的时候，衣冠整洁，仪态温和舒畅，悠闲自得。

7.5　子曰："甚矣吾衰也！久矣吾不复梦见周公[①]！"

字词注解

①周公：姓姬名旦，周文王的儿子，周武王的弟弟，成王的叔父，鲁国国君的始祖，传说是西周典章制度的制定者，他是孔子所崇拜的"圣人"之一。

诠译

孔子说："我衰老得很厉害了！很长时间我都没有梦见周公了！"

7.6　子曰："志于道，据于德[①]，依于仁，游于艺[②]。"

字词注解

①德：旧注云：德者，得也。能把道贯彻到自己心中而不失掉就叫德。②艺：指孔子教授学生的礼、乐、射、御、书、数等六艺，都是日常所用。

诠译

孔子说："以道为志向，以德为根据，以仁为凭借，在（礼、乐等）六艺的范围之中活动。"

原文

7.7　子曰："自行束脩[1]以上，吾未尝无诲焉。"

字词注解

①束脩：脩，音 xiū，干肉，又叫脯。束脩就是十条干肉。孔子要求他的学生，初次见面时要拿十条干肉作为学费。后来，就把学生送给老师的学费叫作束脩。

诠译

孔子说："只要自愿拿着十条干肉为礼来见我的人，我从来没有不给他教诲的。"

原文

7.8　子曰："不愤[1]不启，不悱[2]不发。举一隅[3]不以三隅反，则不复也。"

字词注解

①愤：苦思冥想而仍然领会不了的样子。②悱：音 fěi，想说又不能明确说出来的样子。③隅：音 yú ，角落。

诠译

孔子说：“（教育学生）不到他冥思苦想而不得的时候，不去开导他；不到他想说出来却说不出来的时候，不去启发他。教给他一个方面的东西，却不能推想到其他的，那就不再教他了。”

7.9　子食于有丧者之侧，未尝饱也。

诠译

孔子如果在有丧事的人旁边吃饭，从来没有吃饱过。

7.10　子于是日哭，则不歌。

诠译

孔子如果在这一天为吊丧而哭泣过，就不再唱歌。

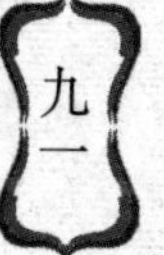

7.11　子谓颜渊曰："用之则行，舍之则藏[①]，惟我与尔有是夫[②]。"子路曰："子行三军[③]，则谁与[④]？"子曰："暴虎[⑤]冯河[⑥]，死而无悔者，吾不与也。必也临事而惧，好谋而成者也。"

字词注解

①舍之则藏：舍，舍弃，不用。藏，隐藏。②夫：语气词，相当于"吧"。③三军：是当时大国所有的军队，每军约一万二千五百人。④与：在一起的意思。⑤暴虎：空拳赤手与老虎进行搏斗。⑥冯河：无船而徒步过河。

诠译

孔子对颜渊说："用到我，我就去做；不用我，我就隐藏起来。只有我和你才能这样做吧。"子路问孔子："老师您如果统帅三军，那么您和谁在一起共事呢？"孔子说："赤手空拳和老虎搏斗，徒步涉水过河，死了都不会后悔的人，我是不会和他在一起共事的。我要找的，一定是遇到事情格外小心，善于谋略而能完成任务的人。"

7.12　子曰："富[①]而可求[②]也，虽执鞭之士[③]，吾亦为之。如不可求，从吾所好。"

字词注解

①富：指升官发财。②求：指合于道，可以去求。③执鞭之士：古代为天子、诸侯和官员出入时手执皮鞭开路的人。意思指地位低下的职事。

诠译

孔子说："如果升官发财合乎道就可以去追求，虽然是给人执鞭的下等差事，我也愿意去做。如果升官发财不合乎道就不必去追求，那还是根据我喜欢的去做。"

7.13　子之所慎：齐[1]，战，疾。

字词注解

①齐：同"斋"，斋戒。

诠译

孔子所谨慎小心对待的是：斋戒、战争和疾病这三件事。

7.14　子在齐闻《韶》[1]，三月不知肉味，曰："不图为乐之至于斯也。"

字词注解

①《韶》：舜时古乐曲名。

诠译

孔子在齐国听到了《韶》乐，有很长时间忘记了肉的滋味，他说：“想不到《韶》乐的美达到了这样迷人的地步。”

原文

7.15 冉有曰：“夫子为[1]卫君[2]乎?”子贡曰：“诺[3]，吾将问之。”入，曰：“伯夷、叔齐何人也?”曰：“古之贤人也。”曰：“怨乎?”曰：“求仁而得仁，又何怨?”出，曰：“夫子不为也。”

字词注解

①为：这里是帮助的意思。②卫君：卫出公辄，是卫灵公的孙子。公元前 492 年—前 481 年在位。③诺：答应的说法。

诠译

冉有（问子贡）说：“老师会帮助卫国的国君吗?”子贡说：“嗯，我马上就去问他。”于是就进到孔子屋里，问道：“伯夷、叔齐是什么样的人呢?”（孔子）说：“古代的贤人。”（子贡又）问：“他们有怨恨吗?”（孔子）说：“他们求仁而得到了仁，还怨恨什么呢?”（子贡）出来（对冉有）说：“老师不会帮助卫君。”

7.16 子曰：“饭疏食①饮水，曲肱②而枕之，乐亦在其中矣。不义而富且贵，于我如浮云。”

字词注解

①饭疏食：饭，这里是“吃”的意思，作动词。疏食，即粗粮。②曲肱：肱，音 gōng，胳膊，由肩至肘的部位。曲肱，即弯着胳膊。

诠译

孔子说：“吃粗粮，喝清水，弯着胳膊当枕头，乐趣也就在这其中了。用不正当的手段得来的富贵，对于我来讲就像是天上的浮云一样。”

7.17 子曰：“加①我数年，五十以学《易》②，可以无大过矣。”

字词注解

①加：这里通“假”字，给予的意思。②《易》：指《周易》，古代占卜用的一部书。

诠译

孔子说：“再给我几年时间，到五十岁学习《易》，我便可以没有大的过错了。”

7.18　**子所雅言[1]，《诗》《书》执礼，皆雅言也。**

字词注解

①雅言：周王朝的官话，在当时被称作“雅言”。孔子平时谈话时用鲁国的方言，但在诵读《诗》《书》和赞礼时，则以当时官话为准。

诠译

孔子有时讲雅言，读《诗》、念《书》、赞礼时，用的都是雅言。

7.19　**叶公[1]问孔子于子路，子路不对。子曰：“女奚不曰：‘其为人也，发愤忘食，乐以忘忧，不知老之将至云尔[2]。’”**

字词注解

①叶公：叶，音shè。叶公姓沈，名诸梁，楚国大夫，封地在叶城（今河南叶县南），所以叫叶公。②云尔：云，代词，如此的意思。尔，同“耳”，而已，罢了。

诠译

叶公向子路问孔子是个什么样的人，子路不答。孔子（对子路）说："你为什么不这样说：'他这个人，发愤用功，连吃饭都忘了，快乐得把一切忧虑都忘了，连自己快要老了都不知道，如此而已。'"

7.20　**子曰："我非生而知之者，好古，敏以求之者也。"**

诠译

孔子说："我不是生来就有知识的人，（而是）喜欢古代的东西，勤奋敏捷地去求得知识的人。"

7.21　**子不语怪、力、乱、神。**

诠译

孔子不谈论怪异、暴力、变乱、鬼神。

7.22　**子曰："三人行，必有我师焉。择其善者而从之，其不善者而改之。"**

诠译

孔子说：“三个人一起走路，其中必定有人可以做我的老师。我选择他的优点向他学习，看到他的缺点就作为借鉴，来改正自己的缺点。”

7.23　子曰：“天生德于予，桓魋[1]其如予何?”

字词注解

①桓魋：魋，音 tuí，任宋国主管军事行政的官——司马，是宋桓公的后代。

诠译

孔子说：“上天把德赋予了我，桓魋能把我怎么样呢?”

7.24　子曰：“二三子[1]以我为隐乎？吾无隐乎尔。吾无行而不与二三子者，是丘也。”

字词注解

①二三子：这里指孔子的学生们。

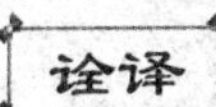

诠译

孔子说："学生们，你们以为我对你们有什么隐瞒吗？我是一点隐瞒都没有的。我没有什么事不是和你们一起干的，我孔丘就是这样的人。"

7.25　子以四教：文[1]、行[2]、忠[3]、信[4]。

字词注解

①文：文献、古籍等。②行：指德行，也指社会实践方面的内容。③忠：尽己之谓忠，对人尽心竭力的意思。④信：以实之谓信。诚实的意思。

诠译

孔子以文、行、忠、信四项内容教授学生。

7.26　子曰："圣人，吾不得而见之矣；得见君子者，斯[1]可矣。"子曰："善人，吾不得而见之矣；得见有恒[2]者，斯可矣。亡而为有，虚而为盈，约[3]而为泰[4]，难乎有恒矣。"

字词注解

①斯：就。②恒：指恒心。③约：穷困。④泰：这里是奢侈的意思。

诠译

孔子说："圣人，我是不可能看到了；只要能见到君子，这就可以了。"孔子又说："善人，我不可能看到了；只要能见到始终如一（保持好的品德）的人，这也就可以了。没有却装作有，空虚却装作充实，穷困却装作富足，这样的人是很难有恒心（保持好的品德）的。"

原文

7.27 **子钓而不纲[①]，弋[②]不射宿[③]。**

字词注解

①纲：大绳。这里作动词用。②弋：音 yì，用带绳子的箭来射鸟。③宿：指归巢歇宿的鸟儿。

诠译

孔子只用（有一个鱼钩的）钓竿钓鱼，而不用（有许多鱼钩的）大绳钓鱼；只射飞鸟，不射巢中歇宿的鸟。

7.28 **子曰："盖有不知而作之者，我无是也。多闻，择其善者而从之；多见而识之，知之次也。"**

诠译

孔子说："有这样一种人，可能他什么都不懂却在那里凭空创造，我不是这样的人。多听，选择其中好的来学习；多看，然后记在心里，这是仅次于'生而知之'的智慧。"

7.29 **互乡[①]难与言，童子见，门人惑。子曰："与[②]其进也，不与其退[③]也，唯何甚？人洁己[④]以进，与其洁也，不保其往[⑤]也。"**

字词注解

①互乡：地名，具体所在已无可考。②与：赞许。③进、退：一说进步、退步；一说进见请教，退出以后的作为。④洁己：洁身自好，努力修养，成为有德之人。⑤不保其往：保，一说担保；一说保守。往，一说过去；一说将来。

诠译

（孔子认为）很难与互乡那个地方的人交流，但互乡的一个童子却受到了孔子的接见，学生们都十分迷惑。孔子说："我是肯定他的进步，不是肯定他的倒退。为什么要做得太过分呢？人家洁身自好以求进步，我们要肯定他的洁身自好，不要死抓住他的过去不松手。"

7.30 子曰："仁远乎哉？我欲仁，斯仁至矣。"

诠译

孔子说："仁难道离我们很远吗？只要我想达到仁，仁就来了。"

7.31 陈司败[①]问："昭公[②]知礼乎？"孔子曰："知礼。"孔子退，揖[③]巫马期[④]而进之，曰："吾闻君子不党[⑤]，君子亦党乎？君取[⑥]于吴，为同姓[⑦]，谓之吴孟子。君而知礼，孰不知礼？"巫马期以告。子曰："丘也幸，苟有过，人必知之。"

字词注解

①陈司败：陈国主管司法的官，姓名不详，也有人说是齐国大夫，姓陈名司败。②昭公：鲁国的君主，名裯，音 chóu，公元前541—前510年在位。"昭"是谥号。③揖：作揖，行拱手礼。④巫马期：姓巫马名施，字子期，孔子的学生，比孔子小三十岁。⑤党：偏袒、包庇的意思。⑥取：同"娶"。⑦为同姓：鲁国和吴国的国君同姓姬。周礼规定：同姓不婚，昭公娶同姓女，是违礼的行为。

诠译

陈司败问："鲁昭公懂礼吗?"孔子说："懂礼。"孔子出来后，陈司败向巫马期作了个揖，请他走近自己，对他说："我听说，君子是没有偏私的，难道君子还包庇别人吗？鲁君从吴国娶了一个女子做夫人，是国君的同姓，讳称她为吴孟子。如果鲁君算是知礼，还有谁不知礼呢?"巫马期把这句话告诉了孔子。孔子说："我是比较幸运的。如果有错，人家一定会知道。"

7.32 子与人歌而善，必使反之，而后和之。

诠译

孔子与别人一起唱歌，如果唱得好，一定要请他再唱一遍，然后和他一起唱。

7.33 子曰："文，莫[①]吾犹人也。躬行君子，则吾未之有得。"

字词注解

①莫：约莫、大概、差不多。

诠译

孔子说："就书本知识来说，我和别人差不多。做一个身体力行的君子，

那我还没有做到。”

原文

7.34 子曰：“若圣与仁，则吾岂敢？抑[1]为之[2]不厌，诲人不倦，则可谓云尔[3]已矣。”公西华曰：“正唯弟子不能学也。”

字词注解

①抑：语气词，“只不过是”的意思。②为之：指圣与仁。③云尔：这样说。

诠译

孔子说：“如果说到圣与仁，那我怎么敢当？只不过是尽力去做而不厌烦，教诲别人也从不感觉疲倦，则可以这样说的。”公西华说：“这正是我们学不到的。”

原文

7.35 子疾病[1]，子路请祷[2]。子曰：“有诸[3]？”子路对曰：“有之。《诔》[4]曰：‘祷尔于上下神祇[5]。’”子曰：“丘之祷久矣。”

字词注解

①疾病：疾指有病，病指病情严重。②请祷：向鬼神请求和祷告，即祈祷。③有诸：诸，“之于”的合音。有诸，意为有这样的事吗。④《诔》：音

lěi，祈祷文。⑤神祇：古代称天神为神，地神为祇。

诠译

孔子病情严重，子路向鬼神祈祷。孔子说："有这样的事情吗？"子路说："有的。《诔》文上说：'为你向天地神灵祈祷。'"孔子说："我已经祈祷很久了。"

7.36 子曰："奢则不孙[①]，俭则固[②]。与其不孙也，宁固。"

字词注解

①孙：同"逊"，恭顺。不孙，即为不顺，这里的意思是"越礼"。②固：简陋、鄙陋。这里是寒酸的意思。

诠译

孔子说："奢侈了就会越礼，节俭了就会寒酸。与其越礼，宁可寒酸。"

7.37 子曰："君子坦荡荡[①]，小人长戚戚[②]。"

字词注解

①坦荡荡：心胸宽广、开阔、容忍。②长戚戚：经常忧愁、烦恼的样子。

诠译

孔子说："君子心胸宽广，小人经常忧愁。"

7.38 子温而厉，威而不猛，恭而安。

诠译

孔子温和而又严厉，威严而不凶猛，庄重而又安详。

泰伯篇第八

本篇简介

本篇共二十一章，主要内容包括：孔子及其学生对尧、舜、禹等古代先王的评价；孔子教学方法和教育思想的进一步阐述，以及曾子在若干问题上的见解。

8.1 子曰：“泰伯[①]，其可谓至德也已矣。三[②]以天下让，民无得而称焉[③]。”

字词注解

①泰伯：周代始祖古公亶父的长子。②三：多次的意思。③民无得而称焉：百姓找不到合适的词句来赞扬他。

诠译

孔子说：“泰伯，他可以说是品德最高尚的了。几次把王位让给季历，老百姓都想不到恰当的词来称赞他。”

原文

8.2　子曰："恭而无礼则劳①，慎而无礼则葸②，勇而无礼则乱，直而无礼则绞③。君子笃④于亲，则民兴于仁；故旧⑤不遗，则民不偷⑥。"

字词注解

①劳：辛劳，劳苦。②葸：音 xǐ，拘谨、孔子道德思想的具体内容畏惧的样子。③绞：说话尖刻，出口伤人。④笃：厚待、真诚。⑤故旧：故交，老朋友。⑥偷：淡薄。

诠译

孔子说："只是恭敬而不以礼来指导，就会白白辛苦；只是谨慎而不以礼来指导，就会畏缩拘谨；只是勇猛而不以礼来指导，就会违法作乱；只是直率而不以礼来指导，就会说话刻薄。在上位的人如果厚待自己的亲属，老百姓当中就会兴起仁的风气；在上位的人如果不遗弃老朋友，那老百姓就不会淡薄无情了。"

原文

8.3　曾子有疾，召门弟子曰："启①予足！启予手！《诗》云②：'战战兢兢，如临深渊，如履薄冰。'而今而后，吾知免③夫，小子④！"

字词注解

①启：开启，曾子让学生掀开被子看自己的手脚。②《诗》云：以下三

句引自《诗经·小雅·小旻》篇。③免：指身体免于损伤。④小子：对弟子的称呼。

诠译

曾子有病，把他的学生召集到身边来，说道："看看我的脚！看看我的手（看看有没有损伤）！《诗经》上说：'小心谨慎呀，好像站在深渊旁边，好像踩在薄冰上面。'从今以后，我知道我的身体可以免于损伤了，弟子们！"

原文

8.4　曾子有疾，孟敬子[①]问[②]之。曾子言曰："鸟之将死，其鸣也哀。人之将死，其言也善。君子所贵乎道者三：动容貌[③]，斯远暴慢[④]矣；正颜色[⑤]，斯近信矣；出辞气[⑥]，斯远鄙倍[⑦]矣。笾豆之事[⑧]，则有司存。"

字词注解

①孟敬子：即鲁国大夫仲孙捷。②问：探望、探视。③动容貌：使自己的内心感情表现于面容。④暴慢：粗暴、放肆。⑤正颜色：使自己的脸色庄重严肃。⑥出辞气：出言，说话。指注意说话的言辞和口气。⑦鄙倍：鄙，粗野。倍，同"背"，悖常理。⑧笾豆之事：笾（音 biān）和豆都是古代祭祀和典礼中的用具。

诠译

曾子有病，孟敬子去探望他。曾子对他说："鸟快死的时候，它的叫声是悲哀的。人快死了，他的话也会充满善意。君子所应当重视的道有三个方面：使自己的容貌严肃，这样可以避免粗暴；使自己的脸色庄重，这样就接近于诚信；使自己说话的言辞和语气谨慎小心，这样就可以避免粗野、悖理。至于祭祀和礼节仪式，自有官吏来负责。"

8.5　曾子曰："以能问于不能，以多问于寡；有若无，实若虚，犯而不校①。昔者吾友②尝从事于斯矣。"

字词注解

①校：音 jiào，同"较"，计较。②吾友：我的朋友。旧注上一般都认为指的是颜渊。

诠译

曾子说："自己有才能却请教于没有才能的人，自己知识多却请教于知识少的人；有学问却像没学问一样，知识很充实却好像很空虚，被人侵犯却也不计较。以前我的朋友就做过这些。"

8.6　曾子曰："可以托六尺之孤①，可以寄百里之命②，临大节而不可夺也，君子人与？君子人也。"

字词注解

①托六尺之孤：孤，死去父亲的小孩叫孤。六尺，指十五岁以下，古人以七尺指成年。托孤，受君主临终前的嘱托辅佐幼君。②寄百里之命：寄，寄托、委托。百里之命，指掌握国家政权和命运。

诠译

曾子说："可以把年幼的君主托付给他，可以把国家的政权托付给他，面临紧急的时刻而不动摇自己的志向，这样的人是君子吗？是君子啊！"

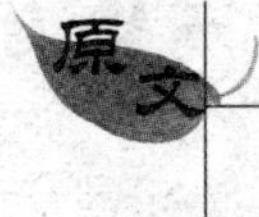

8.7　曾子曰："士不可以不弘毅[1]，任重而道远。仁以为己任，不亦重乎？死而后已，不亦远乎？"

字词注解

①弘毅：弘，广大。毅，强毅。

诠译

曾子说："士不可以不弘大刚强而有毅力，因为他责任重大，道路遥远。把实现仁作为自己的责任，难道还不重大吗？奋斗终身，死而后已，难道路程还不遥远吗？"

8.8　子曰："兴[①]于诗，立于礼，成于乐。"

字词注解

①兴：开始。

诠译

孔子说："（人的修养）从学《诗》开始，自立于学礼，完成于学乐。"

8.9　子曰："民可使由之，不可使知之。"

诠译

孔子说："对于老百姓，只能使他们按照我们的意志去做，不能使他们明白这样做的原因。"

8.10　子曰："好勇疾[①]贫，乱也。人而不仁[②]，疾之已甚[③]，乱也。"

字词注解

①疾：恨、憎恨。②不仁：不符合仁德的人或事。③已甚：已，太。已甚，即太过分。

诠译

孔子说："好勇而又恨自己太穷困，就会犯上作乱。对于不仁德的人或事逼迫得太厉害，就会生出乱子。"

8.11　子曰："如有周公之才之美，使骄且吝，其余不足观也已。"

诠译

孔子说："即使有周公那样的才能和美质，如果骄傲自大而又吝啬小气，那其他方面也就没必要再看了。"

8.12　子曰："三年学，不至于谷[①]，不易得也。"

字词注解

①不至于谷：谷，古代以谷作为官吏的俸禄，这里用"谷"字代表做官。不至于谷，即做不了官。

诠译

孔子说：“学了三年，还做不了官，这是不易找到的。”

8.13　子曰：“笃信好学，守死善道。危邦不入，乱邦不居。天下有道则见[①]，无道则隐。邦有道，贫且贱焉，耻也；邦无道，富且贵焉，耻也。”

字词注解

①见：音 xiàn，同“现”。

诠译

孔子说：“坚定信念并努力学习，誓死守卫并完善正道。不进入政局不稳的国家，不居住在动乱的国家。天下有道就出来做官，天下无道就隐居不出。国家有道而自己贫贱，是耻辱；国家无道而自己富贵，也是耻辱。”

8.14　子曰：“不在其位，不谋其政。”

诠译

孔子说：“不在那个职位上，就不关心那职位上的事。”

8.15　子曰：“师挚之始①，《关雎》之乱②，洋洋乎盈耳哉！”

字词注解

①师挚之始：师挚是鲁国的太师。“始”是乐曲的开端，即序曲。古代奏乐，开端叫“升歌”，一般由太师演奏，师挚是太师，所以这里说是“师挚之始”。②《关雎》之乱：“乱”是乐曲的终了。“乱”是合奏乐。此时奏《关雎》乐章，所以叫“《关雎》之乱”。

诠译

孔子说：“从太师挚演奏的序曲开始，到最后演奏《关雎》的结尾，优美的音乐在我耳边回荡。”

8.16　子曰：“狂①而不直，侗②而不愿③，悾悾④而不信，吾不知之矣。”

字词注解

①狂：急躁、急进。②侗：音 tóng，幼稚无知。③愿：谨慎、小心、朴实。④悾悾：音 kōng，同“空”，诚恳的样子。

诠译

孔子说：“狂妄而不正直，无知而不谨慎，表面上诚恳而不守信用，我真

不明白为什么有人会这样。”

8.17　子曰：“学如不及，犹恐失之。”

诠译

孔子说：“学习知识就像追赶不上那样，学会了还总担心会丢失。”

8.18　子曰：“巍巍[①]乎！舜、禹[②]之有天下也而不与[③]焉。”

字词注解

①巍巍：崇高、高大的样子。②舜、禹：舜是传说中的圣君明主。禹是夏朝的第一个国君。③与：参与、相关的意思。

诠译

孔子说：“多么崇高啊！舜和禹得到天下，不是夺过来的。”

8.19　子曰：“大哉尧[①]之为君也！巍巍乎！唯天为大，唯尧则[②]之。荡荡[③]乎！民无能名[④]焉。巍巍乎其有成功也，焕[⑤]乎其有文章！”

字词注解

①尧：中国古代传说中的圣君。②则：效法、为准。③荡荡：广大的样子。④名：形容、称说、称赞。⑤焕：光辉。

诠译

孔子说：“真伟大啊！尧这样的君主。多么崇高啊！只有天最高大，只有尧才能模仿天的高大。（他的恩德）广阔浩大！百姓们真不知道如何称颂他。他的功绩多么崇高，他制定的礼仪制度多么光辉啊！”

8.20 舜有臣五人[①]而天下治。武王曰：“予有乱臣[②]十人。”孔子曰：“才难，不其然乎？唐、虞之际[③]，于斯[④]为盛。有妇人焉[⑤]，九人而已。三分天下有其二[⑥]，以服事殷。周之德，其可谓至德也已矣。”

字词注解

①舜有臣五人：传说是禹、稷、契、皋陶、伯益等人。②乱臣：据《说文》：“乱，治也。”此处所说的“乱臣”，应为“治国之臣”。③唐、虞之际：传说尧在位的时代叫唐，舜在位的时代叫虞。④斯：指周武王时期。⑤有妇人焉：指武王的乱臣十人中有武王之妻邑姜。⑥三分天下有其二：《逸周书·程典篇》说：“文王令九州之侯，奉勤于商。”相传当时分九州，文王得六州，是三分之二。

诠译

舜因有五位贤臣，天下就治理得很好。周武王也说过："我有十个帮助我治理国家的臣子。"孔子说："人才难得，难道不是这样吗？唐尧和虞舜之间及周武王这个时期，人才是最盛了。但十个大臣当中有一个是妇女，实际上只有九个人而已。周文王得了天下的三分之二，仍然事奉殷朝。周朝的德，应该是很高的了。"

原文

8.21 **子曰："禹，吾无间[①]然矣。菲[②]饮食而致[③]孝乎鬼神，恶衣服而致美乎黻冕[④]，卑[⑤]宫室而尽力乎沟洫[⑥]。禹，吾无间然矣。"**

字词注解

①间：空隙的意思。此处用作动词。②菲：菲薄，不丰厚。③致：致力、努力。④黻冕：音 fú miǎn，祭祀时，穿的礼服叫黻，戴的帽子叫冕。⑤卑：低矮。⑥沟洫：洫，音 xù，沟渠。

诠译

孔子说："对于禹这个人，我不能挑剔什么了。他的饮食很简单而尽力去孝敬鬼神；他平时穿的衣服很俭朴，而祭祀时尽量穿得华美；他自己住的宫室很低矮，而致力于修治水利事宜。对于禹，我确实不能挑剔什么了。"

子罕篇第九

本篇简介

本篇共三十一章，主要讲的是孔子的道德教育思想，孔子弟子对其师的议论；此外，还记述了孔子的某些活动。

9.1　子罕[1]言利与[2]命与仁。

字词注解

①罕：稀少、很少。②与：赞同、肯定。

诠译

孔子很少谈到利益，却赞成天命和仁德。

9.2　达巷党人[1]曰："大哉孔子！博学而无所成名[2]。"子闻之，谓门弟子曰："吾何执？执御乎？执射乎？吾执御矣。"

字词注解

①达巷党人：古代五百家为一党，达巷是党名。这是说达巷党这地方的人。②博学而无所成名：学问渊博，因而不能以某一方面来称道他。

诠译

达巷党这个地方有人说："孔子真伟大啊！他学问渊博，因而不能以某一方面的专长来称赞他。"孔子听说了，对他的学生说："我要专长于哪个方面呢？驾车呢？还是射箭呢？我还是驾车吧。"

9.3　子曰："麻冕[①]，礼也。今也纯[②]，俭[③]，吾从众。拜下[④]，礼也。今拜乎上，泰[⑤]也。虽违众，吾从下。"

字词注解

①麻冕：麻布制成的礼帽。②纯：丝绸，黑色的丝。③俭：俭省，麻冕费工，用丝则俭省。④拜下：大臣面见君主前，先在堂下跪拜，再到堂上跪拜。⑤泰：这里指骄纵、傲慢。

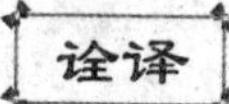

孔子说："用麻布制成的礼帽，符合礼的规定。现在大家都用黑丝绸制作，这样比过去节省了，我赞成大家的做法。（臣见国君）首先要在堂下跪拜，这也是符合礼的。现在大家都到堂上跪拜，这是骄纵的表现。虽然与大家的做法不一样，我还是主张先在堂下拜。"

9.4 子绝四：毋意[①]，毋必[②]，毋固[③]，毋我[④]。

字词注解

①意：同“臆”，猜想、猜疑。②必：必定。③固：固执己见。④我：这里指自私之心。

诠译

孔子杜绝了四种弊病：没有主观猜疑，没有定要实现的期望，没有固执己见之举，没有自私之心。

9.5 子畏于匡[①]。曰：“文王[②]既没，文不在兹[③]乎？天之将丧斯文也，后死者[④]不得与[⑤]于斯文也。天之未丧斯文也，匡人其如予何[⑥]？”

字词注解

①畏于匡：匡，地名，在今河南长垣西南。畏，受到威胁。公元前496年，孔子从卫国到陈国去，经过匡地。匡人曾受到鲁国阳虎的掠夺和残杀。孔子的相貌与阳虎相像，匡人误以为孔子就是阳虎，所以将他围困。②文王：周文王，姓姬名昌，西周开国之君周武王的父亲，是孔子认为的古代圣贤之一。③兹：这里指孔子自己。④后死者：孔子所指是他自己。⑤与：同“举”，这里是掌握的意思。⑥如予何：奈我何，把我怎么样。

诠译

孔子被匡地的人们所围困时，他说："周文王死了以后，周代的礼乐文化不都体现在我的身上吗？上天如果想要消灭这种文化，那我就不可能掌握这种文化了。上天如果不想消灭这种文化，那么匡人又能把我怎么样呢？"

9.6 太宰[①]问于子贡曰："夫子圣者与？何其多能也？"子贡曰："固天纵[②]之将圣，又多能也。"子闻之，曰："太宰知我乎！吾少也贱，故多能鄙事[③]。君子多乎哉？不多也。"

字词注解

①太宰：官名，掌握国君宫廷事务。这里的太宰，有人说是吴国的太宰伯，但不能确认。②纵：让、使，不加限量。③鄙事：卑贱的事情。

诠译

太宰向子贡问道："孔夫子是位圣人吧？为什么他如此多才多艺呢？"子贡说："这本是上天让他成为圣人，而且使他多才多艺。"孔子听到后，说："太宰怎么会了解我呢？我年少的时候地位低贱，所以会许多卑贱的技艺。君子能有这么多的技艺吗？不会多的。"

9.7 牢[①]曰："子云：'吾不试[②]，故艺。'"

字词注解

①牢：郑玄说此人系孔子的学生，但在《史记·仲尼弟子列传》中未见此人。②试：用，被任用。

诠译

子牢说："孔子曾说：'我（年轻时）没有去做官，所以会各种技艺。'"

9.8　子曰："吾有知乎哉？无知也。有鄙夫[①]问于我，空空如也[②]。我叩[③]其两端[④]而竭[⑤]焉。"

字词注解

①鄙夫：孔子对乡下人、社会下层人的称呼。②空空如也：指孔子自己心中空空无知。③叩：叩问、询问。④两端：两头，指正反、始终、上下方面。⑤竭：穷尽、尽力追究。

诠译

孔子说："我懂得很多吗？其实并不是很多。有一个乡下人问我，我对他谈的问题本来一无所知。我只是从问题的两端去问，这样对此问题就可以全部搞清楚了。"

原文

9.9　子曰："凤鸟[①]不至，河不出图[②]，吾已矣夫！"

字词注解

①凤鸟：古代传说中的一种神鸟。②河不出图：传说在上古伏羲氏时代，黄河中有龙马背负八卦图而出。它的出现象征着"圣王"将要出世。

诠译

孔子说："凤鸟不来了，黄河中也不出现八卦图了，我这一生也就结束了吧！"

原文

9.10　子见齐衰[①]者、冕衣裳者[②]与瞽[③]者，见之，虽少，必作[④]；过之，必趋[⑤]。

字词注解

①齐衰：音 zī cuī，丧服，古时用麻布制成。②冕衣裳者：冕，官帽。衣，上衣。裳，下服。这里统指官服。冕衣裳者，指贵族。③瞽：音 gǔ，盲。④作：站起来，表示敬意。⑤趋：快步走，表示敬意。

诠译

孔子遇见穿丧服的人、当官的人和盲人，与他们见面时，虽然他们年轻，也一定要站起来；从他们面前经过时，一定小步快走以表敬意。

9.11　**颜渊喟[1]然叹曰："仰之弥[2]高，钻[3]之弥坚。瞻[4]之在前，忽焉在后。夫子循循然善诱人[5]，博我以文，约我以礼，欲罢不能。即竭吾才，如有所立卓尔[6]。虽欲从之，末由[7]也已。"**

字词注解

①喟：音kuì，叹息的样子。②弥：更加、越发。③钻：钻研。④瞻：音zhān，视、看。⑤循循然善诱人：循循然，有次序地。诱，劝导、引导。⑥卓尔：高大、超群的样子。⑦末由：末，无、没有。由，途径、路径。这里是没有办法的意思。

诠译

颜渊叹息着说："（对于老师的学问与道德）我抬头仰望，越望越觉得高；我努力钻研，越钻研越觉得不可穷尽。看着它好像在前面，又好像在我后面。老师善于有次序地诱导我，用各种典籍来丰富我的知识，又用各种礼节来约束我的言行，使我想停止学习都做不到。直到我用尽了我的全力，才感觉好像有一个十分高大的东西立在我前面。虽然我想要追随上去，却没有路径可以前进。"

9.12　**子疾病，子路使门人为臣[1]。病间[2]，曰："久矣哉，由之行诈也！无臣而为有臣。吾谁欺？欺天乎？且予与其死于臣之手也，无宁[3]死于二三子之手乎！且予纵不得大葬[4]，予死于道路乎？"**

字词注解

①为臣：臣，指家臣、总管。孔子当时不是大夫，没有家臣，但子路叫门人充当孔子的家臣，打算让此人负责安葬孔子之事。②病间：病情减轻。③无宁：宁可。“无”是发语词，没有意义。④大葬：指大夫的葬礼。

诠译

孔子患了重病，子路派了（孔子的）门徒去做孔子的家臣（预备料理后事）。孔子病情减轻的时候，他说：“仲由干这种弄虚作假的事情已经很久了啊！我明明没有家臣，却偏偏要装作有家臣。我骗谁呢？我骗上天吧？与其在家臣的侍候下死去，还不如在你们这些学生的侍候下死去呢！而且即使我不能以大夫之礼来安葬，难道就会被丢在路边没人埋吗？”

原文

9.13　子贡曰：“有美玉于斯，韫椟[1]而藏诸？求善贾[2]而沽诸？”子曰：“沽[3]之哉！沽之哉！我待贾者也。”

字词注解

①韫椟：音 yùn dú，收藏物件的柜子。②善贾：识货的商人。③沽：卖出去。

诠译

子贡说：“这里有一块美玉，是把它藏在收藏物件的柜子里呢？还是找一个识货的商人卖掉呢？”孔子说：“卖掉吧！卖掉吧！我正在等着识货的人呢。”

9.14　**子欲居九夷[1]。或曰："陋[2]，如之何？"子曰："君子居之，何陋之有？"**

字词注解

①九夷：中国古代对于东方少数民族的通称。②陋：鄙野，文化闭塞，不开化。

诠译

孔子想要搬到九夷地方去居住。有人说："那里非常落后闭塞，不开化，怎么能住呢？"孔子说："有君子去住，还能有什么简陋的呢？"

9.15　**子曰："吾自卫反鲁[1]，然后乐正[2]，《雅》《颂》[3]各得其所。"**

字词注解

①自卫反鲁：公元前484年（鲁哀公十一年）冬，孔子从卫国返回鲁国，结束了14年游历不定的生活。②乐正：调整乐曲的篇章。③《雅》《颂》：这是《诗经》中两类不同的诗的名称。也是指雅乐、颂乐等乐曲名称。

诠译

孔子说："我从卫国返回到鲁国以后，乐曲才得到整理，《雅》和《颂》

各有适当的安排。”

9.16 子曰：“出则事公卿，入则事父兄，丧事不敢不勉，不为酒困，何有于我哉？”

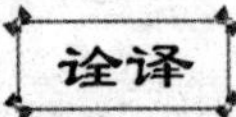

孔子说：“在外侍奉公卿，在家孝敬父兄，有丧事不敢不竭尽全力去做，不被酒所困，这些事对我来说有什么难的？”

9.17 子在川上，曰：“逝者如斯夫！不舍昼夜。”

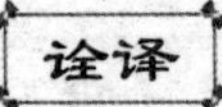

孔子站在河边，说：“消逝的时光就像这河水一样啊！昼夜不停。”

9.18 子曰：“吾未见好德如好色者也。”

孔子说：“我没有见过像好色那样好德的人。”

9.19　**子曰："譬如为山，未成一篑[①]，止，吾止也。譬如平地，虽覆一篑，进，吾往也。"**

字词注解

①篑：音 kuì，土筐。

诠译

孔子说："譬如用土堆山，只差一筐土就完成了，如果停止，那是自己要停止的。譬如在平地上堆山，虽然只倒下一筐，这时有志于前进，那是自己要前进的。"

9.20　**子曰："语之而不惰者，其回也与！"**

诠译

孔子说："听我说话而能毫不懈怠的，只有颜回一个人吧！"

9.21　**子谓颜渊，曰："惜乎！吾见其进也，未见其止也。"**

诠译

孔子评价颜渊，说：“可惜呀他死得太早！我只见他不断前进，却没有见到他停止过。”

9.22　子曰：“苗而不秀[①]者有矣夫！秀而不实者有矣夫！”

字词注解

①秀：稻、麦等庄稼吐穗扬花叫秀。

诠译

孔子说：“庄稼出了苗而不能吐穗扬花的情况是有的啊！吐穗扬花而不结果实的情况也有啊！”

9.23　子曰：“后生可畏，焉知来者之不如今也？四十、五十而无闻焉，斯亦不足畏也已。”

诠译

孔子说：“年轻人是值得敬畏的，怎么就知道后人不如前人呢？如果到了四五十岁时还一点儿作为也没有，那他就没有什么可以敬畏的了。”

9.24　子曰：“法语之言[①]，能无从乎？改之为贵。巽与之言[②]，能无说[③]乎？绎[④]之为贵。说而不绎，从而不改，吾末[⑤]如之何也已矣。”

字词注解

①法语之言：法，指礼仪规则。这里指以礼法规则正言规劝。②巽与之言：巽，恭顺，谦逊。与，称许，赞许。这里指恭顺赞许的话。③说：同“悦”。④绎：原义为“抽丝”，这里指推究、追求、分析、鉴别。⑤末：没有。

诠译

孔子说：“符合礼法的正言规劝，谁能不听从呢？但（只有按它来）改正自己的错误才是可贵的。恭顺赞许的话，谁能听了不高兴呢？但只有认真推究它（的真伪是非），才是可贵的。只是高兴而不去分析，只是表示听从而不改正错误，（对这样的人）我拿他实在是没有办法了。”

9.25　子曰：“主忠信，毋友不如己者，过，则勿惮改。”

诠译

见《学而篇》1.8。

9.26　子曰："三军[①]可夺帅也，匹夫[②]不可夺志也。"

字词注解

①三军：一万两千五百人为一军，三军包括大国所有的军队。此处言其多。②匹夫：平民百姓，主要指男子。

诠译

孔子说："一国军队，可以夺去它的主帅；一个男子汉，却不能强迫他改变自己的志向。"

9.27　子曰："衣[①]敝缊袍[②]，与衣狐貉[③]者立，而不耻者，其由也与？'不忮不求，何用不臧[④]？'"子路终身诵之。子曰："是道也，何足以臧？"

字词注解

①衣：穿，当动词用。②敝缊袍：敝，坏。缊，音 yùn，旧的丝棉絮。这里指破旧的丝绵袍。③狐貉：用狐和貉的皮做的裘皮衣服。④不忮不求，何用不臧：这两句见《诗经·邶风·雄雉》篇。忮，音 zhì，嫉妒的意思。臧，善、好。

诠译

孔子说："穿着破旧的丝棉袍子，与穿着狐貉皮袍的人站在一起，却不认为是可耻的，大概只有仲由吧。(《诗经》上说:)'不嫉妒，不贪求，为什么说不好呢?'"子路听后，反复念叨这两句诗。孔子又说："只做到这样，怎么能说够好了呢?"

9.28　子曰："岁寒，然后知松柏之后雕[①]也。"

字词注解

①雕：通"凋"。

诠译

孔子说："到了寒冷的季节，才知道松柏是最后凋谢的。"

9.29　子曰："知者不惑，仁者不忧，勇者不惧。"

诠译

孔子说："聪明人不会迷惑，有仁德的人不会忧愁，勇敢的人不会畏惧。"

9.30 子曰：“可与共学，未可与适道[1]；可与适道，未可与立[2]；可与立，未可与权[3]。”

字词注解

①适道：适，往。这里是志于道、追求道的意思。②立：坚持道而不变。③权：秤锤。这里引申为权衡轻重。

诠译

孔子说：“可以一起学习的人，未必都能追求道；能够学到道的人，未必能够坚守道；能够坚守道的人，未必能够随机应变。”

9.31 “唐棣[1]之华，偏其反而[2]。岂不尔思？室是远而[3]。”子曰：“未之思也，夫何远之有？”

字词注解

①唐棣：一种植物，属蔷薇科，落叶灌木。②偏其反而：形容花摇动的样子。③室是远而：只是住的地方太远了。

诠译

古代有一首诗这样写道：“唐棣的花朵啊，翩翩地摇摆。我岂能不想念你呢？只是由于家住的地方太远了。”孔子说：“他还是没有真的想念，如果真的想念，有什么遥远呢？”

乡党篇第十

本篇简介

本篇共二十七章，主要记载了孔子的容色言动、衣食住行，颂扬孔子是个一举一动都符合礼的正人君子。本篇还记载了孔子日常生活的一些侧面，为人们全面了解孔子、研究孔子，提供了生动的素材。

10.1　**孔子于乡党，恂恂①如也，似不能言者。其在宗庙朝廷，便便②言，唯谨尔。**

字词注解

①恂恂：音 xún，温和恭顺。②便便：辩，善于辞令。

诠译

孔子在本乡总是很温和恭敬，像是不会说话的样子。但他在宗庙里、朝廷上，却很善于言辞，只是说得非常谨慎。

10.2　**朝，与下大夫言，侃侃①如也；与上大夫言，訚訚②如也。君在，踧踖③如也，与与④如也。**

字词注解

①侃侃：说话理直气壮，不卑不亢，温和快乐的样子。②訚訚：音 yín，正直，和颜悦色而又能直言诤辩。③踧踖：音 cú jí，恭敬而不安的样子。④与与：小心谨慎、威仪适中的样子。

诠译

上朝时，（国君还没有到来，孔子）同下大夫说话，看起来温和而快乐；同上大夫说话，看起来正直而公正。国君已经来了，看起来恭敬而心中不安，但又仪态适中。

10.3　君召使摈[①]，色勃如也[②]，足躩[③]如也。揖所与立，左右手，衣前后，襜[④]如也。趋进，翼如也[⑤]。宾退，必复命曰："宾不顾矣。"

字词注解

①摈：音 bìn，动词，负责招待国君的官员。②色勃如也：脸色立即庄重起来。③足躩：躩，音 jué，脚步快的样子。④襜：音 chān，整齐之貌。⑤翼如也：如鸟儿展翅一样。

诠译

国君召孔子去接待宾客，孔子脸色马上变得庄重，脚步也快起来。他向和他站在一起的人作揖，手向左或向右作揖，衣服前后摆动，保持整齐不乱。快步走的时候，像鸟儿展开双翅一样。宾客走后，必定向君主回报说："客人不再回头张望了。"

10.4　入公门，鞠躬[①]如也，如不容。立不中门，行不履阈[②]。过位，色勃如也，足躩如也，其言似不足者。摄齐[③]升堂，鞠躬如也，屏气似不息者。出，降一等[④]，逞[⑤]颜色，怡怡如也。没阶[⑥]，趋进，翼如也。复其位，踧踖如也。

字词注解

①鞠躬：谨慎而恭敬的样子。②履阈：阈，音 yù，门槛。履阈，意为脚踩门槛。③摄齐：摄，提起。齐，音 zī，衣服的下摆。意为提起衣服的下摆。④降一等：从台阶上走下一级。⑤逞：舒展开，松口气。⑥没阶：走完了台阶。

诠译

孔子走进朝廷的大门，十分谨慎而恭敬，就好像没有他容身之处。站，他不站在门的中间；走，也不踩门槛。从国君的座位旁边经过时，他脸色很庄重，脚步也加快起来，说话也好像中气不足一样。提起衣服下摆向堂上走的时候，表现得恭敬谨慎，憋住气就犹如不呼吸。退出来，走下台阶，脸色便舒展开了，十分怡然自得。走完了台阶，快快地向前走几步，姿态像鸟儿展翅一样。回到自己的位置，表现得恭敬而不安。

10.5 执圭[①]，鞠躬如也，如不胜。上如揖，下如授。勃如战色[②]，足蹜蹜[③]如有循[④]。享礼[⑤]，有容色。私觌[⑥]，愉愉如也。

字词注解

①圭：一种上圆下方的玉器，举行典礼时，不同身份的人拿着不同的圭。②战色：战战兢兢的样子。③蹜蹜：小步走路的样子。④如有循：循，沿着。好像沿着一条直线往前走一样。⑤享礼：享，献上。指向对方贡献礼物的仪式。⑥觌：音 dí，会见。

诠译

（孔子出使别的诸侯国）拿着圭，恭敬谨慎，就好像举不起来。向上举时好像在作揖，放在下面时好像是给人递东西。脸色庄重得好像战栗，步子很小，似乎沿着一条直线往前走。在呈献礼物的仪式时，表现得和颜悦色。和国君举行私下会见的时候，就显得轻松愉快了。

10.6 君子不以绀緅饰[①]，红紫不以为亵服[②]。当暑，袗絺绤[③]，必表而出之[④]。缁衣[⑤]，羔裘[⑥]；素衣，麑[⑦]裘；黄衣，狐裘。亵裘长，短右袂[⑧]。必有寝衣[⑨]，长一身有半。狐貉之厚以居[⑩]。去丧，无所不佩。非帷裳[⑪]，必杀之[⑫]。羔裘玄冠[⑬]不以吊[⑭]。吉月[⑮]，必朝服而朝。

字词注解

①不以绀緅饰：绀，音 gàn，深青透红，斋戒时服装的颜色。緅，音 zōu，黑中透红，丧服的颜色。这里是说，不用深青透红或黑中透红颜色的布给平常穿的衣服镶上边做饰物。②红紫不以为亵服：亵服，平时在家里穿的衣服。古人认为，红紫不是正色，便服不宜用红紫色。③袗絺绤：袗，音 zhěn，单衣。絺，音 chī，细葛布。绤，音 xì，粗葛布。这里是说，穿粗的或细的葛布单衣。④必表而出之：把麻布单衣穿在外面，里面还要衬有内衣。⑤缁衣：黑色的衣服。⑥羔裘：羔皮衣。古代的羔裘都是黑羊皮，毛皮向外。⑦麑：音 ní，小鹿，毛白色。⑧短右袂：袂，音 mèi，袖子。右袖短一点，是为了便于做事。⑨寝衣：睡衣。⑩狐貉之厚以居：狐貉之厚，厚毛的狐貉皮。居，坐。⑪帷裳：上朝和祭祀时穿的礼服，用整幅布制作，不加以裁剪，折叠缝上。⑫必杀之：杀，裁。这里是说一定要裁去多余的布。⑬羔裘玄冠：黑色皮衣帽。⑭不以吊：不用于丧事。⑮吉月：每月初一。一说正月初一。

诠译

君子不用深青透红或黑中透红的布镶边，平常在家穿的衣服不用红色或紫色的布做。夏天穿粗的或细的葛布单衣，但一定要套在内衣外面。黑色的羔羊皮袍，配黑色的罩衣；白色的鹿皮袍，配白色的罩衣；黄色的狐皮袍，配黄色的罩衣。平常在家穿的皮袍做得长一些，右边的袖子短一些。睡觉一定要有睡衣，长要有一身半。用狐貉的厚毛皮做坐垫。丧服期满，脱下丧服后，便佩戴上不同种类的装饰品。若不是礼服，就一定要加以剪裁。不穿着黑色的羔羊皮袍和戴着黑色的帽子去吊丧。每月初一，一定要穿着礼服去上朝。

10.7　**齐[①]，必有明衣[②]，布。齐必变食[③]，居必迁坐[④]。**

字词注解

①齐：同“斋”。②明衣：斋前沐浴后穿的浴衣。③变食：改变平常的饮食。指不饮酒，不吃葱、蒜等有刺激性气味的东西。④居必迁坐：指从内室迁到外室居住，不和妻妾同房。

诠译

斋戒沐浴的时候，一定要有浴衣，用布做的。斋戒的时候，一定要改变平常的饮食，居住也一定搬移地方（不与妻妾同房）。

10.8　**食不厌精，脍[①]不厌细。食饐[②]而餲[③]，鱼馁[④]而肉败[⑤]，不食。色恶，不食。臭恶，不食。失饪[⑥]，不食。不时[⑦]，不食。割不正[⑧]，不食。不得其酱，不食。肉虽多，不使胜食气[⑨]。惟酒无量，不及乱[⑩]。沽酒市脯[⑪]不食。不撤姜食，不多食。**

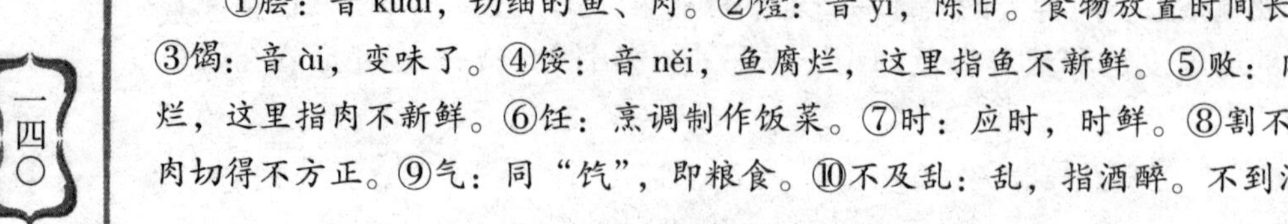

字词注解

①脍：音 kuài，切细的鱼、肉。②饐：音 yì，陈旧。食物放置时间长了。③餲：音 ài，变味了。④馁：音 něi，鱼腐烂，这里指鱼不新鲜。⑤败：肉腐烂，这里指肉不新鲜。⑥饪：烹调制作饭菜。⑦时：应时，时鲜。⑧割不正：肉切得不方正。⑨气：同“饩”，即粮食。⑩不及乱：乱，指酒醉。不到酒醉

时。⑪脯：音 fǔ，熟肉干。

诠译

粮食不会嫌舂得精，鱼和肉不会嫌切得细。食物放旧有异味了，鱼和肉腐烂不新鲜了，都不吃。食物的颜色变了，不吃。气味变了，不吃。烹调不好，不吃。不应时的东西，不吃。肉切得不方正，不吃。佐料放得不适当，不吃。席上的肉虽多，但吃的量不超过米面的量。只有酒没有限制，但不喝醉。从市上买来的肉干和酒，不吃。每餐都要有姜，但也（适量）不多吃。

10.9 **祭于公，不宿肉**[1]**。祭肉**[2]**不出三日。出三日，不食之矣。**

字词注解

①不宿肉：不使肉过夜。②祭肉：这是祭祀用的肉。

诠译

孔子参加国君祭祀典礼时分到的肉，不能留到第二天。祭祀用过的肉不能超过三天。（如果）超过三天，就不吃了。

10.10 **食不语，寝不言。**

诠译

吃饭的时候不说话，睡觉的时候也不说话。

原文

10.11　**虽疏食菜羹[①]，必祭[②]，必齐[③]如也。**

字词注解

①菜羹：用菜做成的汤。②必祭：古人在吃饭前，把席上各种食品分出少许，放在食具之间祭祖。③齐：同“斋”。

诠译

即使是粗米饭蔬菜汤，吃饭前也要把它们取出一些来祭祖，表情一定像斋戒时那样严肃恭敬。

原文

10.12　**席[①]不正，不坐。**

字词注解

①席：古代没有椅子和桌子，都坐在铺于地面的席子上。

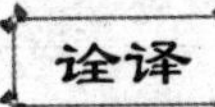

诠译

席子如果放得不端正，不坐。

原文

10.13 乡人饮酒[1]，杖者[2]出，斯出矣。

字词注解

①乡人饮酒：指当时的乡饮酒礼。②杖者：拿拐杖的人，指老年人。

诠译

行乡饮酒的礼仪结束后，一定要等老年人先出去，然后自己才出去。

原文

10.14 乡人傩[1]，朝服而立于阼阶[2]。

字词注解

①傩：音 nuó。古代迎神驱鬼的宗教仪式。②阼阶：阼，音 zuò，东面的台阶上。主人立在大堂东面的台阶上，在这里欢迎客人。

诠译

乡里人举行迎神驱鬼的宗教仪式时，便穿着朝服站在东边的台阶上。

原文

10.15　问[①]人于他邦，再拜而送之[②]。

字词注解

①问：问候。古代人在问候时往往要致送礼物。
②再拜而送之：在送别客人时，两次拜别。

诠译

托人向在其他诸侯国的朋友问候时，要向受托者两次拜别然后送行。

原文

10.16　康子馈药，拜而受之。曰："丘未达，不敢尝。"

诠译

季康子赠送给孔子药品，孔子拜谢之后接受了。（孔子）说："我对药性不了解，没有胆量品尝。"

原文

10.17　厩焚。子退朝，曰："伤人乎？"不问马。

诠译

马棚失火烧掉了。孔子退朝回来，说："伤人了吗？"并不问马的情况。

10.18　**君赐食，必正席先尝之。君赐腥[1]，必熟而荐[2]之。君赐生，必畜之。侍食于君，君祭，先饭。**

字词注解

①腥：生肉。②荐：供奉。

诠译

国君赐给熟食，一定要摆正坐席先尝一尝。国君赐给生肉，一定要煮熟后给祖宗上供。国君赐给活物，一定要饲养起来。同国君一道吃饭，在国君举行饭前祭礼的时候，一定要先尝一尝。

10.19　**疾，君视之，东首[1]，加朝服，拖绅[2]。**

字词注解

①东首：头朝东。②绅：束在腰间的大带子。

诠译

孔子病了，国君来探视，他便头朝东躺着，身上盖上朝服，拖着束在腰间的大带子。

10.20 **君命召，不俟驾行矣。**

诠译

国君召见（孔子），他不等车马驾好就先步行走去了。

10.21 **入太庙，每事问。**

诠译

（孔子）进了太庙，事事都要向别人请教。

10.22 **朋友[①]死，无所归，曰："于我殡[②]。"**

字词注解

①朋友：指与孔子志同道合的人。②殡：停放灵枢和埋葬都可以叫殡，

这里泛指丧葬事务。

诠译

（孔子的）朋友死了，没有亲属负责敛埋，孔子说：“由我来办理丧事吧。”

原文

10.23 **朋友之馈，虽车马，非祭肉，不拜。**

诠译

朋友馈赠物品，即使是车马，（如果）不是祭肉，（孔子在接受时）也不会拜。

原文

10.24 **寝不尸，居不客。**

诠译

睡觉时不要像死尸一样挺着，家居时也不要像做客或接待客人时那样庄重严肃。

原文

10.25 **见齐衰[①]者，虽狎[②]必变。见冕者与瞽者[③]，虽亵[④]必以貌。凶服[⑤]者式[⑥]之。式负版者[⑦]。有盛馔[⑧]，必变色而作[⑨]。迅雷风烈必变。**

字词注解

①齐衰：指丧服。②狎：音 xiá，亲近的意思。③瞽者：盲人，指乐师。④亵：音 xiè，常见、熟悉。⑤凶服：丧服。⑥式：同"轼"，古代车辆前部的横木。这里作动词用。遇见地位高的人或其他人时，驭手身子向前微俯，伏在横木上，以示尊敬或者同情。这在当时是一种礼节。⑦负版者：背负国家图籍的人。当时无纸，用木版来书写，故称"版"。⑧盛馔：馔，饮食。盛馔，盛大的宴席。⑨作：站起来。

诠译

看见穿丧服的人，即使是关系很亲密的，也一定要改变自己的态度。看见当官的和盲人，即使是常在一起的，也一定非常有礼貌。在乘车时遇见穿丧服的人，便俯伏在车前横木上（以示同情）。遇见背负国家图籍的人，也这样做（以示敬意）。（做客时）若筵席非常丰富，就神色一变，并站起来致谢。遇见迅雷大风，一定要改变自己的神色（以示对上天的敬畏）。

原文

10.26　升车，必正立，执绥[①]。车中不内顾[②]，不疾言[③]，不亲指[④]。

字词注解

①绥：上车时扶手用的索带。②内顾：回头看。③疾言：大声说话。④不亲指：不用自己的手指画。

诠译

上车时，一定先直立站好，然后拉着扶手带上车。在车上不回头，不高声说话，不用自己的手指指点点。

10.27　色斯举矣[①]，翔而后集[②]。曰：“山梁雌雉[③]，时哉时哉[④]！”子路共[⑤]之，三嗅而作。

字词注解

①色斯举矣：色，脸色。举，鸟飞起来。②翔而后集：飞翔一阵，然后落到树上。鸟群停在树上叫“集”。③山梁雌雉：聚集在山梁上的母野鸡。④时哉时哉：得其时呀！得其时呀！这是说野鸡时运好，能自由飞翔，自由落下。⑤共：同“拱”。

诠译

（孔子在山谷中行走）一群野鸡受到惊吓飞了起来，盘旋一会儿，然后落在了树上。孔子说：“这些山梁上的母野鸡，得其时呀！得其时呀！”子路向它们拱了拱手，野鸡叫了几声就飞走了。

先进篇第十一

本篇简介

本篇共二十六章，包括：孔子对弟子们的评价，并以此为例说明“过犹不及”的中庸思想；学习各种知识与日后做官的关系；孔子对鬼神、生死问题的态度。最后一章里，孔子和他的学生们各述其志向，反映出孔子政治思想上的倾向。

11.1　子曰：“先进①于礼乐，野人②也；后进③于礼乐，君子④也。如用之，则吾从先进。”

字词注解

①先进：指先学习礼乐而后再做官的人。②野人：朴素粗鲁的人或指乡野平民。③后进：先做官后学习礼乐的人。④君子：这里指统治者。

诠译

孔子说：“先学习礼乐而后再做官的人，是（原来没有爵禄的）平民；先当了官然后再学习礼乐的人，是君子。如果要选用人才，那我推选先学习礼乐的人。”

11.2 子曰：“从我于陈、蔡[①]者，皆不及门[②]也。”

字词注解

①陈、蔡：均为国名。②不及门：门，这里指受教的场所。不及门，是说不在跟前受教。

诠译

孔子说：“曾跟随我从陈国到蔡国去的学生，如今都不在我身边受教了。”

11.3 德行[①]：颜渊，闵子骞，冉伯牛，仲弓。言语[②]：宰我，子贡。政事[③]：冉有，季路。文学[④]：子游，子夏。

字词注解

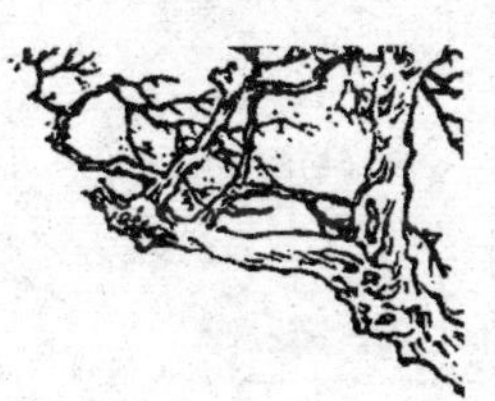

①德行：指能实行孝悌、忠恕等道德。②言语：指善于辞令，能办理外交。③政事：指能从事政治事务。④文学：指通晓诗、书、礼、乐等古代文献。

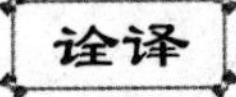

（孔子的学生中）德行好的有：颜渊，闵子骞，冉伯牛，仲弓。善于辞令的有：宰我，子贡。擅长政事的有：冉有，季路。

通晓文献知识的有：子游，子夏。

11.4　子曰："回也非助我者也，于吾言无所不说。"

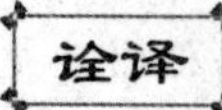

孔子说："颜回啊，不是个对我有帮助的人，对于我说的话他没有不心悦诚服的。"

11.5　子曰："孝哉闵子骞！人不间[①]于其父母昆[②]弟之言。"

字词注解

①间：非难、批评、挑剔。②昆：哥哥、兄长。

诠译

孔子说："闵子骞真是孝顺呀！人们对于他父母兄弟称赞他的话，都没有什么不赞同的。"

11.6　南容三复白圭[①]，孔子以其兄之子妻之。

字词注解

①白圭：白圭指《诗经·大雅·抑》的诗句："白圭之玷，尚可磨也。斯言之玷，不可为也。"意思是白玉上的污点还可以磨掉，我们言论中有毛病，就无法挽回了。这是告诫人们对自己的言语要谨慎。

诠译

南容反复诵读"白圭之玷，尚可磨也。斯言之玷，不可为也"的诗句，孔子把侄女嫁给了他。

11.7　季康子问："弟子孰为好学？"孔子对曰："有颜回者好学，不幸短命死矣，今也则亡。"

诠译

季康子问孔子："你的弟子中谁是好学的？"孔子回答："有一个叫颜回的弟子很好学，不幸短命死了，如今再也没有像他那样（好学）的了。"

11.8　颜渊死，颜路[①]请子之车以为之椁[②]。子曰："才不才，亦各言其子也。鲤[③]也死，有棺而无椁。吾不徒行以为之椁。以吾从大夫之后[④]，不可徒行也。"

字词注解

①颜路：颜无繇（yóu），字路，颜渊的父亲，也是孔子的学生，生于公元前545年。②椁：音guǒ，古人所用棺材，内为棺，外为椁。③鲤：孔子的儿子，字伯鲁，死时五十岁，孔子七十岁。④从大夫之后：跟随在大夫们的后面，意即当过大夫。

诠译

颜渊死了，（他的父亲）颜路请求孔子卖掉车子，给颜渊买个外椁。孔子说："（虽然颜渊和鲤）一个有才一个无才，但却都是各自父亲的儿子。孔鲤死的时候，也是有棺无椁。我没有卖掉自己的车子步行而给他买椁。因为我曾做过大夫，是不可以步行的。"

原文

11.9　颜渊死。子曰："噫！天丧予！天丧予！"

诠译

颜渊死了。孔子说："唉！老天爷真是要我的命呀！老天爷真是要我的命呀！"

原文

11.10　颜渊死，子哭之恸[①]。从者曰："子恸矣！"曰："有恸乎？非夫[②]人之为恸而谁为？"

字词注解

①恸：哀伤过度，过于悲痛。②夫：指示代词，此处指颜渊。

诠译

颜渊死了，孔子哭得很是悲痛。跟随孔子的人说："您悲痛过度了！"孔子说："我有悲伤过度吗？我不为这个人悲伤过度，又为谁呢？"

11.11　颜渊死，门人欲厚葬[1]之。子曰："不可。"门人厚葬之。子曰："回也视予犹父也，予不得视犹子也[2]。非我也，夫[3]二三子也。"

字词注解

①厚葬：隆重地安葬。②予不得视犹子也：我不能把他当亲生儿子一样看待。③夫：语助词。

诠译

颜渊死了，孔子的弟子们想要隆重地安葬他。孔子说："不可以这样做。"学生们仍然隆重地安葬了他。孔子说："颜回把我当父亲一样看待，我却不能把他当儿子一样看待。这不是我的过错，是因为那些学生们呀。"

11.12　季路问事鬼神。子曰：“未能事人，焉能事鬼?”曰：“敢问死。”曰：“未知生，焉知死?”

诠译

季路问怎样去侍奉鬼神。孔子说：“没能侍奉好人，怎么能侍奉鬼呢?”季路说：“请问死是怎么回事?”（孔子回答）说：“还不知道活着的道理，怎么能知道死呢?”

11.13　闵子侍侧，訚訚[①]如也；子路，行行[②]如也；冉有、子贡，侃侃[③]如也。子乐。“若由也，不得其死然。”

字词注解

①訚訚：和颜悦色的样子。②行行：音 hàng，刚强的样子。③侃侃：说话理直气壮。

诠译

闵子骞侍立在孔子身旁，样子和悦而温顺；子路，样子十分刚强；冉有、子贡，样子温和快乐。孔子高兴了。但孔子又说：“像仲由这样，只怕不得好死吧。”

11.14　鲁人[①]为长府[②]。闵子骞曰：“仍旧贯[③]，如之何？何必改作?”子曰：“夫人[④]不言，言必有中。”

字词注解

①鲁人：这里指鲁国的当权者。这就是人和民的区别。②为长府：为，这里是改建的意思。藏财货、兵器等的仓库叫“府”，长府是鲁国的国库名。③仍旧贯：贯，事、例。沿袭老样子。④夫人：这个人。

诠译

鲁国翻修长府的国库。闵子骞问道：“照老样子下去，怎么样？何必改建呢?”孔子答道：“这个人平日不大开口，一开口就说到要害上。”

11.15　子曰：“由之瑟[①]奚为于丘之门[②]?”门人不敬子路。子曰：“由也升堂矣，未入于室[③]也。”

字词注解

①瑟：一种古乐器，与古琴相似。②奚为于丘之门：奚，为什么。为，弹。为什么在我这里弹呢？③升堂入室：堂，正厅。室，内室，用以形容学习程度的深浅。

诠译

孔子说：“仲由弹瑟，为什么在我这里弹呢?”孔子的学生们因此都不尊

敬子路。孔子便说："仲由嘛，他在学习上已经达到登堂的程度了，只是还没有入室罢了。"

原文

11.16 子贡问："师与商[①]也孰贤？"子曰："师也过，商也不及。"曰："然则师愈[②]与？"子曰："过犹不及。"

字词注解

①师与商：师，颛孙师，即子张。商，卜商，即子夏。②愈：胜过，强些。

诠译

子贡问孔子："子张和子夏二人谁更贤能一些呢？"孔子回答说："子张过分，子夏不足。"子贡说："那么是子张好一些吗？"孔子说："过分和不足没有差别。"

原文

11.17 季氏富于周公[①]，而求也为之聚敛[②]而附益[③]之。子曰："非吾徒也。小子鸣鼓而攻之，可也。"

字词注解

①季氏富于周公：季氏比周朝的公侯还要富有。②聚敛：积聚和收集钱财，即搜刮。③益：增加。

诠译

季氏比周朝的公侯还要富有，而冉求还帮他搜刮来增加他的钱财。孔子说："他不再是我的弟子了。你们可以大张旗鼓地去攻击他了。"

11.18　柴[1]也愚[2]，参也鲁[3]，师也辟[4]，由也喭[5]。

字词注解

①柴：高柴，字子羔，孔子学生，比孔子小三十岁，公元前 521 年出生。②愚：旧注云：愚直之愚，指愚而耿直，不是傻的意思。③鲁：迟钝。④辟：音 pì，偏，偏激。⑤喭：音 yàn，鲁莽、粗鲁、刚猛。

诠译

高柴愚直，曾参迟钝，颛孙师偏激，仲由鲁莽。

11.19　子曰："回也其庶[1]乎，屡空[2]。赐不受命，而货殖[3]焉，亿[4]则屡中。"

字词注解

①庶：庶几、相近。②空：贫困、匮乏。③货殖：做买卖。④亿：同"臆"，猜测、估计。

诠译

孔子说："颜回的学问、道德接近于完善了吧，可是他常常贫困。端本赐不安本分，去做买卖，猜测行情，往往猜中了。"

11.20　子张问善人[①]之道。子曰："不践迹[②]，亦不入于室[③]。"

字词注解

①善人：指本质善良但没有经过学习的人。②践迹：迹，脚印。踩着前人的脚印走。③入于室：比喻学问和修养达到了精深的地步。

诠译

子张问做善人的方法。孔子说："如果不沿着前人的脚印走，其学问和修养就不到家。"

11.21　子曰："论笃是与[①]，君子者乎？色庄者乎？"

字词注解

①论笃是与：论，言论。笃，诚恳。与，赞许。意思是对说话笃实诚恳的人表示赞许。

诠译

孔子说："听到有人说话笃实诚恳就表示赞许，但他是真君子呢？还是伪装庄重的样子呢？"

11.22　**子路问："闻斯行诸[1]？"子曰："有父兄在，如之何其闻斯行之？"冉有问："闻斯行诸？"子曰："闻斯行之。"公西华曰："由也问闻斯行诸，子曰，'有父兄在'；求也问闻斯行诸，子曰，'闻斯行之'。赤也惑，敢问。"子曰："求也退，故进之。由也兼人[2]，故退之。"**

字词注解

①诸："之乎"二字的合音。②兼人：好勇过人。

诠译

子路问："听到了就行动起来吗？"孔子说："有父兄在，怎么能听到就马上行动起来呢？"冉有问："听到了就行动起来吗？"孔子说："听到了就马上行动起来。"公西华说："仲由问'听到了就行动起来吗？'你回答说'有父兄在'；冉求问'听到了就行动起来吗？'你回答'听到了就马上行动起来'。我感到迷惑，大胆地问个明白。"孔子说："冉求总是退缩，所以我激励他。仲由好勇过人，所以我抑制他。"

11.23　**子畏于匡，颜渊后。子曰："吾以女为死矣。"曰："子在，回何敢死？"**

诠译

孔子在匡地受到当地人围困，颜渊最后才逃出来。孔子说："我以为你已经死了呢。"颜渊说："夫子还活着，我怎么敢死呢？"

11.24　**季子然[①]问："仲由、冉求可谓大臣与？"子曰："吾以子为异之问，曾[②]由与求之问。所谓大臣者，以道事君，不可则止。今由与求也，可谓具臣[③]矣。"曰："然则从之[④]者与？"子曰："弑父与君，亦不从也。"**

字词注解

①季子然：鲁国季氏的同族人。②曾：乃。③具臣：普通的臣子。④之：代名词，这里指季氏。

诠译

季子然问："仲由和冉求可以算是大臣吗？"孔子说："我以为你是问别人，原来是问由和求呀。所谓大臣是能够用周公之道的要求来侍奉君主的，如果这样不行，他宁肯辞职不干。现在由

和求这两个人，只能算是充数的臣子罢了。”季子然又问：“那么他们会一切都跟着季氏干吗？”孔子说：“杀父亲、杀君主的事，他们也不会跟着干的。”

11.25 子路使子羔为费宰。子曰：“贼[1]夫人之子[2]。”子路曰：“有民人焉，有社稷[3]焉，何必读书，然后为学?”子曰：“是故恶夫佞者。”

字词注解

①贼：害。②夫人之子：指子羔。孔子认为他没有经过很好的学习就去从政，这会害了他自己的。③社稷：社，土地神。稷，谷神。这里指祭祀土地神和谷神的地方，即社稷坛。古代国都及各地都设立社稷坛，分别由国君和地方长官主祭，故社稷成为国家政权的象征。

诠译

子路让子羔去做费地的长官。孔子说：“这会害了他自己的。”子路说：“那个地方有老百姓，有社稷，治理百姓和祭祀神灵都是学习，为什么一定要读书，然后才算学习呢?”孔子说：“因为我讨厌那种花言巧语狡辩的人。”

原文

11.26 子路、曾皙[①]、冉有、公西华侍坐。子曰："以吾一日长乎尔，毋吾以也[②]。居[③]则曰：'不吾知也！'如或知尔，则何以哉[④]？"子路率尔[⑤]而对曰："千乘之国，摄[⑥]乎大国之间，加之以师旅，因之以饥馑，由也为之，比及[⑦]三年，可使有勇，且知方[⑧]也。"夫子哂[⑨]之。"求！尔何如？"对曰："方六七十[⑩]，如[⑪]五六十，求也为之，比及三年，可使足民。如其礼乐，以俟君子。""赤！尔何如？"对曰："非曰能之，愿学焉。宗庙之事[⑫]，如会同[⑬]，端章甫[⑭]，愿为小相[⑮]焉。""点！尔何如？"鼓瑟希[⑯]，铿尔，舍瑟而作[⑰]，对曰："异乎三子者之撰。"子曰："何伤乎？亦各言其志也。"曰："莫[⑱]春者，春服既成，冠者[⑲]五六人，童子六七人，浴乎沂[⑳]，风乎舞雩，咏而归。"夫子喟然叹曰："吾与点也！"三子者出，曾皙后。曾皙曰："夫三子者之言何如？"子曰："亦各言其志也已矣。"曰："夫子何哂由也？"曰："为国以礼，其言不让，是故哂之。""唯[㉑]求则非邦也与？""安见方六七十如五六十而非邦也者？""唯赤则非邦也与？""宗庙会同，非诸侯而何？赤也为之小，孰能为之大？"

字词注解

①曾皙：名点，字子皙，曾参的父亲，也是孔子的学生。②以吾一日长乎尔，毋吾以也：不要因为我比你们的年龄稍长一些而不敢说话。③居：平日。④则何以哉：何以，即何以为用。⑤率尔：轻率、急切。⑥摄：迫于、夹于。⑦比及：比，音bì。等到。⑧方：方向。⑨哂：音shěn，讥讽地微笑。⑩方六七十：纵横各六七十里。⑪如：或者。⑫宗庙之事：指祭祀之事。⑬

会同：诸侯会见。⑭端章甫：端，古代礼服的名称。章甫，古代礼帽的名称。⑮相：赞礼人，司仪。⑯希：同“稀”，指弹瑟的速度放慢，节奏逐渐稀疏。⑰作：站起来。⑱莫：同“暮”。⑲冠者：成年人。古代子弟到二十岁时行冠礼，表示已经成年。⑳浴乎沂：沂，水名，发源于山东南部，流经江苏北部入海。在水边洗头面手足。㉑唯：语首词，没有什么意义。

诠译

子路、曾皙、冉有、公西华陪孔子一起坐着。孔子说：“我比你们年龄大一些，不要因为我年龄大而不敢说。你们平时总说：‘没有人了解我呀！’假如有人了解你们，那你们要如何去做呢？”子路赶忙回答：“一个拥有一千辆兵车的国家，处在大国中间，常常受到别的国家侵犯，加上国内又闹饥荒，让我去治理，只需三年时间，就可以使人们勇敢善战，而且懂得礼仪。”孔子听了，微微一笑。孔子又问：“冉求！你怎么样呢？”冉求答道：“国土有六七十里或五六十里见方的国家，让我去治理，三年以后，就可以使百姓饱暖。这个国家的礼乐教化，就要等君子来施行了。”孔子又问：“公西赤！你呢？”公西赤答道：“我不敢说能做到，但是愿意学习。在宗庙祭祀活动中，或者在同别国的盟会中，我愿意穿着礼服，戴着礼帽，做一个小小的赞礼人。”孔子又问：“曾点！你怎么样呢？”这时曾点弹瑟的声音逐渐放慢，接着“铿”的一声，离开瑟站起来，回答说：“我想的不同于他们三位说的。”孔子说：“那有什么关系呢？只是各人讲自己的志向而已。”曾皙说：“暮春三月，已经穿上了春天的衣服，我和五六位成年人，六七个少年，去沂河里洗洗澡，在舞雩台上吹吹风，边唱着歌边走回去。”孔子长叹一声说：“我是赞成曾皙的想法的。”子路、冉有、公西华三个人都出去了，曾皙后走。他问孔子：“他们三人的话怎么样？”孔子说：“只是各自谈谈自己的志向罢了。”曾皙说：“夫子为什么要笑仲由呢？”孔子说：“治理国家要讲礼让，

可是他说话一点儿也不谦让，所以我笑他。”曾皙又问：“那么是不是冉求讲的不是治理国家呢?”孔子说：“哪里见得六七十里或五六十里见方的地方就不是国家呢?”曾皙又问：“公西赤讲的不是治理国家吗?”孔子说：“宗庙祭祀和诸侯会盟，这不是诸侯的事又是什么?像赤这样的人如果只能做一个小相，那谁能做大相呢?”

颜渊篇第十二

本篇简介

本篇共二十四章，主要讲的是，孔子的几位弟子向他询问怎样做才是仁，怎样做才是君子，以及仁政明达、君臣父子、辨惑折狱等问题，其中有很多圣贤格言。

12.1 颜渊问仁。子曰："克己复礼[①]为仁。一日克己复礼，天下归仁[②]焉。为仁由己，而由人乎哉?"颜渊曰："请问其目[③]。"子曰："非礼勿视，非礼勿听，非礼勿言，非礼勿动。"颜渊曰："回虽不敏，请事[④]斯语矣。"

字词注解

①克己复礼：克己，克制自己。复礼，使自己的言行符合礼的要求。②归仁：归，归顺。仁，即仁道。③目：具体的条目。目和纲相对。④事：从事，照着去做。

诠译

颜渊问怎样做才是仁。孔子说："克制自己，一切都照着礼的要求去做，这就是仁。一旦这样做了，天下的一切就都归于仁了。实行仁德，完全在于

自己，难道还在于别人吗?”颜渊说：“请问实行仁的条目。”孔子说：“不合于礼的不要看，不合于礼的不要听，不合于礼的不要说，不合于礼的不要做。”颜渊说：“我虽然愚笨，也要照您的这些话去做。”

原文

12.2 **仲弓问仁。子曰：“出门如见大宾，使民如承大祭[①]。己所不欲，勿施于人。在邦无怨，在家无怨[②]。”仲弓曰：“雍虽不敏，请事[③]斯语矣。”**

字词注解

①出门如见大宾，使民如承大祭：这句话是说，出门办事和役使百姓，都要像迎接贵宾和进行大祭时那样恭敬严肃。②在邦无怨，在家无怨：邦，诸侯统治的国家。家，卿大夫统治的封地。③事：从事，照着去做。

诠译

仲弓问怎样做才是仁。孔子说：“出门办事如同去接待贵宾，使唤百姓如同去进行重大的祭祀（都要认真严肃）。自己不愿意要的，不要强加于别人。做到在诸侯的朝廷上没人怨恨（自己），在卿大夫的封地里也没人怨恨（自己）。”仲弓说：“我虽然笨，也要照您的话去做。”

原文

12.3 **司马牛[①]问仁。子曰：“仁者，其言也讱[②]。”曰：“其言也讱，斯[③]谓之仁已乎?”子曰：“为之难，言之得无讱乎?”**

字词注解

①司马牛：姓司马，名耕，字子牛，孔子的学生。②讱：音 rèn，话难说出口。这里引申为说话谨慎。③斯：就。

诠译

司马牛问怎样做才是仁。孔子说："仁人，说话是非常谨慎的。"司马牛说："说话谨慎，这就叫仁了吗？"孔子说："做起来非常难，说起来能不慎重吗？"

12.4 司马牛问君子。子曰："君子不忧不惧。"曰："不忧不惧，斯谓之君子已乎？"子曰："内省不疚，夫何忧何惧？"

诠译

司马牛问怎样做一个君子。孔子说："君子不忧愁，不恐惧。"司马牛说："不忧愁，不恐惧，这样就可以叫君子了吗？"孔子说："自己问心无愧，那还有什么忧愁和恐惧呢？"

12.5 司马牛忧曰："人皆有兄弟，我独亡。"子夏曰："商闻之矣：死生有命，富贵在天。君子敬而无失，与人恭而有礼。四海之内，皆兄弟也。君子何患乎无兄弟也？"

诠译

司马牛忧愁地说："别人都有兄弟，唯独我没有。"子夏说："我听说过：死生有命，富贵在天。君子对待所做的事情严谨认真而没有什么过失，对人恭敬而合乎礼的规定。如果这样，天下人就都是自己的兄弟了。君子还愁没有兄弟干什么呢？"

原文

12.6　子张问明。子曰："浸润之谮[①]，肤受之愬[②]，不行焉，可谓明也已矣。浸润之谮，肤受之愬，不行焉，可谓远[③]也已矣。"

字词注解

①浸润之谮：谮，音zèn，谗言。这是说像水那样一点一滴地渗进来的谗言，不易觉察。②肤受之愬：愬，音sù，诬告。这是说像皮肤感觉到疼痛那样的诬告，即直接的诽谤。③远：明之至，明智的最高境界。

诠译

子张向孔子询问什么是明智。孔子说："像水润物那样暗中挑拨的坏话，像切肤之痛那样直接的诽谤，在你那里都行不通，那你可以算是明智的了。暗中挑拨的坏话和直接的诽谤，在你那里都行不通，那你可以算是有远见的了。"

12.7 **子贡问政。子曰：“足食，足兵，民信之矣。”子贡曰：“必不得已而去，于斯三者何先？”曰：“去兵。”子贡曰：“必不得已而去，于斯二者何先？”曰：“去食。自古皆有死，民无信不立。”**

诠译

子贡向孔子询问如何治理国家。孔子说：“粮食充足，军备充足，老百姓对统治者信任。”子贡说：“如果必须去掉一项，那么在三项中先去掉哪一项呢？”孔子说：“去掉军备。”子贡说：“如果必须再去掉一项，那么这两项中去掉哪一项呢？”孔子说：“去掉粮食。自古以来人总是要死的，如果老百姓对统治者不信任，那么国家就无法存在了。”

12.8 **棘子成[1]曰：“君子质而已矣，何以文为？”子贡曰：“惜乎，夫子之说君子也。驷不及舌[2]。文犹质也。质犹文也。虎豹之鞟[3]犹犬羊之鞟。”**

字词注解

①棘子成：卫国大夫。古代大夫都可以被尊称为夫子，所以子贡这样称呼他。②驷不及舌：指话一说出口，就收不回来了。驷，拉一辆车的四匹马。③鞟：音 kuò，去掉毛的皮，即革。

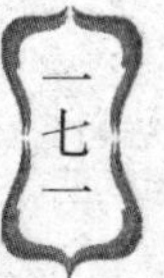

诠译

棘子成说："君子只要具有好的品质就够了，要那些表面的仪式有什么用呢？"子贡说："真遗憾，夫子您这样谈论君子。一言既出，驷马难追。本质就像文采，文采就像本质，都是同等重要的。去掉了毛的虎皮、豹皮，就如同去掉了毛的犬皮、羊皮一样。"

原文

12.9　哀公问于有若曰："年饥，用不足，如之何？"有若对曰："盍彻乎①？"曰："二②，吾犹不足，如之何其彻也？"对曰："百姓足，君孰与不足？百姓不足，君孰与足？"

字词注解

①盍彻乎：盍，何不。彻，西周奴隶主国家的一种田税制度。旧注曰：什一而税谓之彻。②二：抽取十分之二的税。

诠译

鲁哀公问有若："遭了饥荒，国家用度不足，怎么办？"有若回答："为什么不实行彻法，只抽十分之一的田税呢？"哀公说："现在抽十分之二，我还觉得不够，怎么能实行彻法呢？"有若说："如果百姓的用度够，您怎么会不够呢？如果百姓的用度不够，您又怎么能够呢？"

原文

12.10　**子张问崇德[①]辨惑[②]。子曰：“主忠信，徙义[③]，崇德也。爱之欲其生，恶之欲其死。既欲其生，又欲其死，是惑也。‘诚不以富，亦祇以异[④]’。”**

字词注解

①崇德：提高道德修养的水平。②惑：迷惑，不分是非。③徙义：徙，迁移。向义靠拢。④诚不以富，亦祇以异：这是《诗经·小雅·我行其野》篇的最后两句。

诠译

子张问如何提高道德修养水平和辨别是非的能力。孔子说：“以忠信为主，使自己的思想符合义，这就是提高道德修养水平了。爱一个人，就希望他活下去，厌恶起来就恨不得他马上死去。既要他活，又要他死，这就是迷惑。(正如《诗》所说的)‘即使不是嫌贫爱富，也是喜新厌旧’。”

原文

12.11　**齐景公[①]问政于孔子。孔子对曰：“君君，臣臣，父父，子子。”公曰：“善哉！信如君不君，臣不臣，父不父，子不子，虽有粟，吾得而食诸?”**

字词注解

①齐景公：名杵臼，音 chǔ jiù，齐国国君，公元前 547 年—前 490 年在位。

齐景公问孔子治理国家的方法。孔子说："做君主的要有君的样子，做臣子的要有臣的样子，做父亲的要有父亲的样子，做儿子的要有儿子的样子。"齐景公说："讲得好呀！如果君不像君，臣不像臣，父不像父，子不像子，虽然有粮食，我能吃得上吗？"

原文

12.12　子曰："片言[1]可以折狱[2]者，其由也与[3]？"子路无宿诺[4]。

字词注解

①片言：诉讼双方中一方的言辞，即片面之词，古时也叫"单辞"。②折狱：狱，案件。即断案。③其由也与：大概只有仲由吧。④宿诺：宿，久。拖了很久而没有兑现的诺言。

诠译

孔子说："只听了单方面的供词就可以判决案件的，大概只有仲由吧。"子路没有不能兑现的诺言。

12.13　子曰："听讼[1]，吾犹人也。必也使无讼[2]乎！"

字词注解

①听讼：讼，诉讼。审理诉讼案件。②使无讼：使人们之间没有诉讼案件之事。

诠译

孔子说：“审理诉讼案件，我同别人没有什么不同。重要的是必须使诉讼的案件根本不发生！”

12.14　**子张问政。子曰：“居之无倦，行之以忠。”**

诠译

子张问如何治理政事。孔子说：“居于官位不懈怠，忠实地执行君令。”

12.15　**子曰：“博学于文，约之以礼，亦可以弗畔矣夫。”**

诠译

见《雍也篇》6.27。

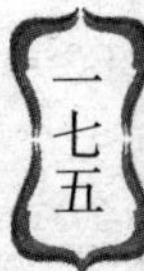

12.16　**子曰："君子成人之美，不成人之恶。小人反是。"**

诠译

孔子说："君子成全别人的好事，而不助长别人的恶处。而小人则恰恰相反。"

12.17　**季康子问政于孔子。孔子对曰："政者，正也。子帅以正，孰敢不正？"**

诠译

季康子问孔子如何治理国家。孔子回答："政就是正的意思。您本人带头走正路，那么还有谁敢不走正道呢？"

12.18　**季康子患盗，问于孔子。孔子对曰："苟子之不欲，虽赏之不窃。"**

诠译

季康子担忧盗窃，就问孔子。孔子回答："假如你自己不贪图财利，即使

奖励偷窃，也不会有人偷盗。”

12.19　季康子问政于孔子曰：“如杀无道[①]，以就有道[②]，何如?”孔子对曰：“子为政，焉用杀？子欲善而民善矣。君子之德风，小人之德草。草上之风[③]，必偃[④]。”

字词注解

①无道：指无道的人。②有道：指有道的人。③草上之风：指风加之于草。④偃：仆，倒。

诠译

季康子问孔子如何治理政事，说：“如果把无道的人杀掉，来成全有道的人，如何呢?”孔子说：“您治理政事，哪里用得着杀戮的手段呢？您只要想行善，老百姓也会跟着行善。在位者的品德好比风，在下的人的品德好比草，风吹到草上，草就必定跟着倒。”

12.20　子张问：“士何如斯可谓之达[①]矣?”子曰：“何哉，尔所谓达者?”子张对曰：“在邦必闻[②]，在家必闻。”子曰：“是闻也，非达也。夫达也者，质直而好义，察言而观色，虑以下人[③]。在邦必达，在家必达。夫闻也者，色取仁而行违，居之不疑。在邦必闻，在家必闻。”

字词注解

①达：通达，显达。②闻：有名望。③下人：下，动词。对人谦恭有礼。

诠译

子张问："士如何做才可以叫作通达？"孔子说："你说的通达是什么意思？"子张答道："在国君的朝廷里必定有名望，在大夫的封地里也必定有名声。"孔子说："这只是虚假的名声，而不是通达。所谓达，那是要品质正直，遵从礼义，善于揣摩别人的话语，观察别人的脸色，懂得谦恭待人。这样的人，就可以在国君的朝廷和大夫的封地里通达。至于有虚假名声的人，只是外表上装出仁的样子，而行动上却正是违背了仁，自己还以仁人自居不惭愧。但他无论在国君的朝廷里和大夫的封地里都必定会有名声。"

原文

12.21　樊迟从游于舞雩之下，曰："敢问崇德，修慝[1]，辨惑。"子曰："善哉问！先事后得[2]，非崇德与？攻其恶，无攻人之恶，非修慝与？一朝之忿[3]，忘其身，以及其亲，非惑与？"

字词注解

①修慝：修，改正。慝，音 tè，邪恶的念头。这里是指改正邪恶的念头。②先事后得：先致力于事，把利禄放在后面。③忿：愤怒，气愤。

诠译

樊迟陪着孔子在舞雩台下散步，说："冒昧请问怎样提高品德修养，怎样改正自己的邪念，怎样辨别迷惑。"孔子说："问得好！先致力于事，然后才有所收获，不就能提高品德了吗？批判自己的不足，不去指责别人的不足，这不就检讨自己的邪念了吗？由于一时的气愤，就忘记了自身的安危，以至于牵连自己的亲人，这不就是迷惑吗？"

12.22 樊迟问仁。子曰："爱人。"问知。子曰："知人。"樊迟未达。子曰："举直错诸枉[①]，能使枉者直。"樊迟退，见子夏曰："乡[②]也吾见于夫子而问知，子曰：'举直错诸枉，能使枉者直。'何谓也？"子夏曰："富哉言乎！舜有天下，选于众，举皋陶[③]，不仁者远[④]矣。汤[⑤]有天下，选于众，举伊尹[⑥]，不仁者远矣。"

字词注解

①举直错诸枉：错，同"措"，放置。枉，不正直，邪恶。意为选拔直者，罢黜枉者。②乡：音 xiàng，同"向"，过去。③皋陶：传说中舜时掌握刑法的大臣。④远：动词，远离、远去。⑤汤：商朝的第一个君主，名履。⑥伊尹：汤的宰相，曾辅助汤灭夏兴商。

诠译

樊迟问什么是仁。孔子说："爱人。"樊迟问什么是智。孔子说："了解人。"樊迟还不明白。孔子说："选

拔正直的人，罢黜邪恶的人，这样就能使邪者归正。”樊迟退出来，见到子夏说：“刚才我见到老师，问他什么是智，他说：‘选拔正直的人，罢黜邪恶的人，这样就能使邪者归正。’这是什么意思?”子夏说：“这话说得多么深刻呀！舜有天下，在众人中逃选人才，把皋陶选拔出来，不仁的人就慢慢没有了。汤有了天下，在众人中挑选人才，把伊尹选拔出来，不仁的人就慢慢没有了。”

原文

12.23　子贡问友。子曰：“忠告而善道之，不可则止，毋自辱焉。”

诠译

子贡问怎样对待朋友。孔子说：“忠诚地劝告他，适宜地引导他，如果不听也就罢了，不要自取其辱。”

原文

12.24　曾子曰：“君子以文会友，以友辅仁。”

诠译

曾子说：“君子以文章学问来结交朋友，依靠朋友帮助自己培养仁德。”

子路篇第十三

本篇简介

本篇共三十章，主要介绍了如何治理国家的政治主张，孔子的教育思想，个人的道德修养与品格完善，以及“和而不同”、为邦教民、仁政孝悌、中行常德等治国修身的有关知识。

13.1　子路问政。子曰：“先之劳之[①]。”请益[②]。曰：“无倦[③]。”

字词注解

①先之劳之：先，引导，先导，即教化。之，指老百姓。做在老百姓之前，使老百姓勤劳。②请益：请求增加一些。③无倦：不厌倦、不松懈。

诠译

子路问如何管理政事。孔子说：“做在老百姓之前，使老百姓勤劳。”子路请求多说一些。孔子说：“不要懈怠。”

13.2 仲弓为季氏宰，问政。子曰：“先有司[1]，赦小过，举贤才。”曰：“焉知贤才而举之？”子曰：“举尔所知。尔所不知，人其舍诸[2]？”

字词注解

①有司：古代负责具体事务的官吏。②诸：“之乎”二字的合音。

诠译

仲弓做了季氏的家臣，问管理政事的方法。孔子说：“先使手下负责具体事务的官吏各司其责，赦免他们的小过错，选拔贤才来任职。”仲弓又问：“如何知道是贤才而把他们选拔出来呢？”孔子说：“选拔你所知道的。至于你不知道的贤才，别人难道还会埋没他们吗？”

13.3 子路曰：“卫君[1]待子而为政，子将奚[2]先？”子曰：“必也正名[3]乎！”子路曰：“有是哉，子之迂[4]也！奚其正？”子曰：“野哉，由也！君子于其所不知，盖阙[5]如也。名不正，则言不顺；言不顺，则事不成；事不成，则礼乐不兴；礼乐不兴，则刑罚不中[6]；刑罚不中，则民无所措手足。故君子名之必可言也，言之必可行也。君子于其言，无所苟[7]而已矣。”

字词注解

①卫君：卫出公，名辄，卫灵公之孙。②奚：音 xī，什么。③正名：即正名分。④迂：迂腐。⑤阙：同“缺”，存疑的意思。⑥中：音 zhòng，得当。⑦苟：苟且，马马虎虎。

诠译

子路（对孔子）说：“卫国国君要您去治理国家，您认为先做什么呢?”孔子说：“必须先正名分!”子路说：“有这样做的吗？您想得太迂腐了。这名怎么正呢?”孔子说：“仲由，真粗野啊！君子对于他所不知道的事情，总是采取存疑的态度。名分不正，说起话来就不顺当合理；说话不顺当合理，事情就办不成；事情办不成，礼乐也就不能兴盛；礼乐不能兴盛，刑罚的执行就不会得当；刑罚不得当，百姓就不知怎么办好。所以，君子定下名分，必须能够说得明白，说出来必须能够行得通。君子对于自己的言行，不过是从不马马虎虎对待而已。”

13.4　樊迟请学稼。子曰：“吾不如老农。”请学为圃[①]。曰：“吾不如老圃。”樊迟出。子曰：“小人哉，樊须也！上好礼，则民莫敢不敬；上好义，则民莫敢不服；上好信，则民莫敢不用情[②]。夫如是，则四方之民襁[③]负其子而至矣，焉用稼?”

字词注解

①圃：音 pǔ，菜地，引申为种菜。②用情：情，真实，诚实。以真心实意来对待。③襁：音 qiǎng，背婴孩的背篓。

诠译

樊迟向孔子请教如何种庄稼。孔子说："我比不上老农。"樊迟又请教如何种菜。孔子说："我比不上老菜农。"樊迟退出。孔子说："樊迟真是干粗活的人！在上位者只要重视礼，老百姓就不敢不敬畏；在上位者只要重视义，老百姓就不敢不服从；在上位者只要重视信，老百姓就不敢不真心来对待你。要是做到这样，四面八方的老百姓就会背着自己的小孩来投奔，哪里用得着自己去种庄稼呢？"

13.5　子曰："诵《诗》三百，授之以政，不达[1]；使于四方，不能专对[2]；虽多，亦奚以[3]为？"

字词注解

①达：通达。这里是会运用的意思。②专对：独立对答。③以：用。

诠译

孔子说："熟读《诗》三百篇，让他处理政务，却不会办事；让他当外交使节，却不能独立交涉；即使背得很多，又有什么用呢？"

13.6　子曰："其身正，不令而行；其身不正，虽令不从。"

诠译

孔子说："自身正了，即使不发布命令，老百姓也会去干；自身不正，即使发布命令，老百姓也不会服从。"

13.7　子曰："鲁、卫之政，兄弟也。"

诠译

孔子说："鲁和卫两国的政事，就像兄弟（的政事）一样。"

13.8　子谓卫公子荆[①]："善居室[②]。始有，曰：'苟[③]合[④]矣。'少有，曰：'苟完矣。'富有，曰：'苟美矣。'"

字词注解

①卫公子荆：卫国大夫，字南楚，卫献公的儿子。②善居室：善于管理经济，居家过日子。③苟：差不多。④合：足够。

诠译

孔子谈到卫国的公子荆时说："他善于管理经济，居家理财。刚开始有一点儿，他说：'差不多也就够了。'稍微多一点儿时，他说：'差不多就算完备了。'更多一点儿时，他说：'差不多算是完美了。'"

原文

13.9　子适卫，冉有仆[①]。子曰："庶[②]矣哉！"冉有曰："既庶矣，又何加焉？"曰："富之。"曰："既富矣，又何加焉？"曰："教之。"

字词注解

①仆：驾车。②庶：众多，这里指人口众多。

诠译

孔子到卫国去，冉有为他驾车。孔子说："人口真多呀！"冉有说："既然人口这么多了，还要再做什么呢？"孔子说："使他们富起来。"冉说有："富了以后还要做些什么？"孔子说："对他们进行教化。"

原文

13.10　子曰："苟有用我者，期月而已可也，三年有成。"

诠译

孔子说："如果有人用我治理国家，一年便可以搞出个样子，三年就一定会有成效。"

13.11　子曰："'善人为邦百年，亦可以胜残去杀矣。'诚哉是言也！"

诠译

孔子说："'善人治理国家，经过一百年，也就可以消除残暴，废除刑罚杀戮了。'这话真对呀！"

13.12　子曰："如有王者，必世而后仁。"

诠译

孔子说："如果有王者兴起，也一定要用三十年才能实现仁政。"

13.13　子曰："苟正其身矣，于从政乎何有？不能正其身，如正人何？"

诠译

孔子说："如果端正了自身的行为，管理政事还有什么困难呢？如果不能端正自身的行为，怎能使别人端正呢？"

13.14　冉子退朝。子曰：“何晏也?”对曰：“有政。”子曰：“其事也？如有政，虽不吾以，吾其与闻之。”

诠译

冉求退朝回来。孔子说：“为什么回来得这么晚呀?”冉求说：“有政务。”孔子说：“只是一般的事务吧？如果有政务，虽然国君不用我了，我也会知道的。”

13.15　定公问：“一言而可以兴邦，有诸?”孔子对曰：“言不可以若是其几也。人之言曰：‘为君难，为臣不易。’如知为君之难也，不几乎一言而兴邦乎?”曰：“一言而丧邦，有诸?”孔子对曰：“言不可以若是其几也。人之言曰：‘予无乐乎为君，唯其言而莫予违也。’如其善而莫之违也，不亦善乎？如不善而莫之违也，不几乎一言而丧邦乎?”

诠译

鲁定公问：“一句话就可以使国家兴盛，有这样的话吗?”孔子答道：“不可能有这样的话，但有近乎这样的话。有人说：‘做君难，做臣不易。’如果知道了做君的难，这不近乎一句话可以使国家兴盛吗?”鲁定公又问：“一句话可以亡国，有这样的话吗?”孔子回答：“不可能有这样的话，但有近乎这样的话。有人说：‘我做君主并没有什么可高兴的，我所高兴的只在于我所说的话没有人敢于违抗。’如果说得对而没有人违抗，不也很好吗？如果说得不对而没有人违抗，那不就近乎一句话可以亡国吗?”

13.16 叶公问政。子曰："近者悦，远者来。"

诠译

叶公问孔子怎样管理政事。孔子说："使近处的人高兴，使远处的人来归附。"

13.17 子夏为莒父[①]宰，问政。子曰："无欲速，无见小利。欲速则不达，见小利则大事不成。"

字词注解

①莒父：莒，音jǔ。鲁国的一个城邑，在今山东莒县境内。

诠译

子夏做莒父的总管，问孔子怎样办理政事。孔子说："不要求快，不要贪求小利。求快反而达不到目的，贪求小利就做不成大事。"

13.18 叶公语孔子曰："吾党[①]有直躬者[②]，其父攘羊[③]，而子证[④]之。"孔子曰："吾党之直者异于是。父为子隐，子为父隐，直在其中矣。"

字词注解

①党：乡党，古代以五百户为一党。②直躬者：正直的人。③攘羊：偷羊。④证：告发。

诠译

叶公告诉孔子说："我的家乡有个正直的人，他的父亲偷了人家的羊，他告发了父亲。"孔子说："我家乡的正直的人和你讲的正直的人不一样。父亲为儿子隐瞒，儿子为父亲隐瞒，正直就在其中了。"

13.19　樊迟问仁。子曰："居处恭，执事敬，与人忠。虽之夷狄，不可弃也。"

诠译

樊迟问怎样才是仁。孔子说："平常在家规规矩矩，办事严肃认真，待人忠心诚意。即使到了夷狄之地，也不可背弃。"

13.20　子贡问曰："何如斯可谓之士[1]矣?"子曰："行己有耻，使于四方，不辱君命，可谓士矣。"曰："敢问其次。"曰："宗族称孝焉，乡党称弟焉。"曰："敢问其次。"曰："言必信，行必果[2]，硁硁[3]然小人哉！抑亦可以为次矣。"曰："今之从政者何如?"子曰："噫！斗筲之人[4]，何足算也！"

字词注解

①士：士在周代贵族中位于最低层。此后，士成为古代社会知识分子的通称。②果：果断、坚决。③硁硁：音 kēng，象声词，敲击石头的声音。④斗筲之人：筲，音 shāo，竹器，容一斗二升。这里是比喻器量狭小的人。

诠译

子贡问道："怎样才可以叫作士？"孔子说："自己在做事时有知耻之心，出使外国各方，能够完成君主交付的使命，可以叫作士。"子贡说："请问次一等的呢？"孔子说："宗族中的人称赞他孝顺父母，乡党们称他尊敬兄长。"子贡又问："请问再次一等的呢？"孔子说："说到一定做到，做事一定坚持到底，不问是非地固执己见，那是小人啊。但也可以说是再次一等的士了。"子贡说："现在的执政者，您看怎么样？"孔子说："唉！这些器量狭小的人，哪里值得一提呢！"

原文

13.21 **子曰："不得中行[①]而与之，必也狂狷[②]乎！狂者进取，狷者有所不为也。"**

字词注解

①中行：行为合乎中庸。②狷：音 juàn，拘谨，有所不为。

诠译

孔子说："我找不到奉行中庸之道的人和他交往，一定与狂者、狷者交往！狂者敢作敢为，狷者对有些事是不肯干的。"

原文

13.22　子曰："南人有言曰：'人而无恒，不可以作巫医[1]。'善夫！""不恒其德，或承之羞。"子曰："不占[2]而已矣。"

字词注解

①巫医：用卜筮为人治病的人。②占：占卜。

诠译

孔子说："南方人有句话说：'人如果做事没有恒心，就不能当巫医。'这句话说得真好啊！""人不能长久地保存自己的德行，免不了要遭受耻辱。"孔子说："（这句话是说，没有恒心的人）用不着去占卦了。"

原文

13.23　子曰："君子和[1]而不同[2]，小人同而不和。"

字词注解

①和：不同的东西和谐地配合叫作和，各方面之间彼此不同。②同：相同的东西相加或与人相混同，叫作同。各方面之间完全相同。

诠译

孔子说："君子讲求和谐而不同流合污，小人只求完全一致，而不讲求协调。"

13.24　子贡问曰："乡人皆好之，何如？"子曰："未可也。""乡人皆恶之，何如？"子曰："未可也。不如乡人之善者好之，其不善者恶之。"

诠译

子贡问孔子："全乡人都喜欢、赞扬他，这个人怎么样？"孔子说："这还不能肯定。"（子贡又问孔子：）"全乡人都厌恶、憎恨他，这个人怎么样？"孔子说："这也是不能肯定的。最好的人是全乡的好人都喜欢他，全乡的坏人都厌恶他。"

13.25　子曰："君子易事①而难说②也。说之不以道，不说也。及其使人也，器之③。小人难事而易说也。说之虽不以道，说也。及其使人也，求备焉。"

字词注解

①易事：易于与人相处共事。②难说：难于取得他的欢喜。③器之：量才使用他。

诠译

孔子说："为君子办事很容易，但很难取得他的欢喜。不按正道去讨他的喜欢，他是不会喜欢的。但是，当他使用人的时候，总是量才而用。为小人办事很难，但要取得他的欢喜则是很容易的。不按正道去讨他的喜欢，也会得到他的喜欢。但等到他使用人的时候，却是求全责备。"

13.26　子曰："君子泰而不骄，小人骄而不泰。"

诠译

孔子说："君子安静坦然而不傲慢无礼，小人傲慢无礼而不安静坦然。"

13.27　子曰："刚、毅、木、讷近仁。"

诠译

孔子说："刚强、果敢、朴实、谨慎这四种品德接近于仁。"

13.28　子路问曰："何如斯可谓之士矣？"子曰："切切偲偲[①]，怡怡[②]如也，可谓士矣。朋友切切偲偲，兄弟怡怡。"

字词注解

①偲偲：音 sī，勉励、督促、诚恳的样子。②怡怡：和气、亲切、顺从的样子。

诠译

子路问孔子："怎样做才可以称为士呢?"孔子说："互助诚恳勉励，相处和气亲切，可以算是士了。朋友之间互相督促勉励，兄弟之间相处和和气气。"

13.29　子曰："善人教民七年，亦可以即戎矣。"

诠译

孔子说："善人教育百姓已有七年的时候，也就可以叫他们去当兵打仗了。"

13.30　子曰："以不教民战，是谓弃之。"

诠译

孔子说："如果不先对老百姓进行作战训练，这就是抛弃他们。"

宪问篇第十四

本篇简介

本篇共四十四章，主要介绍了作为君子必须具备的品德，孔子对当时社会上的各种现象所发表的评论，以及孔子提倡的“见利思义”的义利观等。

原文

14.1　宪[①]问耻。子曰：“邦有道，谷[②]。邦无道，谷，耻也。”“克、伐[③]、怨、欲不行焉，可以为仁矣?”子曰：“可以为难矣，仁则吾不知也。”

字词注解

①宪：姓原，名宪，孔子的学生。②谷：这里指做官者的俸禄。③伐：自夸。

诠译

原宪向孔子问耻。孔子说：“国家有道，做官拿俸禄。国家无道，还做官拿俸禄，这就是可耻。”（原宪又问：）“好胜、自夸、怨恨、贪欲都没有的人，可以算做到仁了吧?”孔子说：“这可以说是很难得的，但至于是不是做到了仁，我就不知道了。”

14.2 子曰："士而怀居[①]，不足以为士矣。"

字词注解

①怀居：怀，思念、留恋。居，家居。指留恋家居的安逸生活。

诠译

孔子说："士如果留恋家庭的安逸生活，就不配做士了。"

14.3 子曰："邦有道，危[①]言危行；邦无道，危行言孙[②]。"

字词注解

①危：正直。②孙：同"逊"。

诠译

孔子说："国家有道，要正言正行；国家无道，还要正直，但说话要随和谨慎。"

14.4 子曰："有德者必有言，有言者不必有德。仁者必有勇，勇者不必有仁。"

诠译

孔子说：“有道德的人，一定有言论，有言论的人不一定有道德。有仁德的人一定勇敢，勇敢的人不一定有仁德。”

14.5　南宫适[①]问于孔子曰：“羿[②]善射，奡[③]荡舟[④]，俱不得其死然。禹、稷[⑤]躬稼而有天下。”夫子不答。南宫适出，子曰：“君子哉若人！尚德哉若人！”

字词注解

①南宫适：适，音 kuò，同“括”，即南容。②羿：音 yì，传说中夏代有穷国的国君，善于射箭，曾夺夏太康的王位，后被其臣寒浞所杀。③奡：音 ào，传说中寒浞的儿子，后来为夏少康所杀。④荡舟：用手推船。传说中奡力大，善于水战。⑤禹、稷：禹，夏朝的开国之君，善于治水，注重发展农业。稷，传说是周朝的祖先，又为谷神，教民种植庄稼。

诠译

南宫适问孔子：“羿善于射箭，奡善于水战，最后都不得好死。禹和稷都亲自种植庄稼，却得到了天下。”孔子没有回答。南宫适出去后，孔子说：“这个人真是个君子呀！这个人真尊重道德！”

14.6　子曰：“君子而不仁者有矣夫，未有小人而仁者也。”

诠译

孔子说：“君子中没有仁德的人是存在的，而小人中没有有仁德的人。”

14.7　子曰：“爱之，能勿劳乎？忠焉，能勿诲乎？”

诠译

孔子说：“爱他，能不为他操劳吗？忠于他，能不劝告他吗？”

14.8　子曰：“为命[①]，裨谌[②]草创之，世叔[③]讨论之，行人[④]子羽[⑤]修饰之，东里[⑥]子产润色之。”

字词注解

①命：指国家的政令。②裨谌：音 bì chén，人名，郑国大夫。③世叔：即子太叔，名游吉，郑国大夫。④行人：官名，掌管朝觐聘问，即外交事务。⑤子羽：郑国大夫公孙挥的字。⑥东里：地名，郑国大夫子产居住的地方。

诠译

孔子说："郑国发布的政令，都是由裨谌起草的，世叔提出意见，外交官子羽加以修饰，最后由子产做修改润色。"

14.9　或问子产。子曰："惠人也。"问子西①。曰："彼哉！彼哉！"问管仲。曰："人也②。夺伯氏③骈邑④三百，饭疏食，没齿⑤无怨言。"

字词注解

①子西：这里的子西指楚国的令尹，名申。②人也：即此人也。③伯氏：齐国大夫。④骈邑：地名，伯氏的采邑。⑤没齿：终身。

诠译

有人问起子产。孔子说："是个恩惠于别人的人。"又问子西。孔子说："他呀！他呀！"又问管仲。孔子说："他是个有才干的人。他曾把伯氏骈邑的三百家夺走，使伯氏终生吃粗茶淡饭，直到老死也没有怨言。"

14.10　子曰："贫而无怨难，富而无骄易。"

诠译

孔子说："贫穷而能够没有怨恨是很难做到的，富裕而不骄傲是容易做到的。"

14.11　**子曰：“孟公绰[①]为赵、魏老[②]则优[③]，不可以为滕、薛[④]大夫。”**

字词注解

①孟公绰：鲁国大夫，属于孟孙氏家族。②老：这里指古代大夫的家臣。③优：有余。④滕、薛：滕，诸侯国家，在今山东滕县。薛，诸侯国家，在今山东滕县东南一带。

诠译

孔子说：“孟公绰做晋国赵氏、魏氏的家臣，他的才力是绰绰有余的，但他却不能做滕、薛这样小国的大夫。”

14.12　**子路问成人[①]。子曰：“若臧武仲[②]之知，公绰之不欲，卞庄子[③]之勇，冉求之艺，文之以礼乐，亦可以为成人矣。”曰：“今之成人者何必然？见利思义，见危授命，久要[④]不忘平生之言，亦可以为成人矣。”**

字词注解

①成人：人格完备的完人。②臧武仲：鲁国大夫臧孙纥。③卞庄子：鲁国卞邑大夫。④久要：长久处于穷困中。

诠译

子路问如何做一个人格完备的人。孔子说："如果具有臧武仲的智慧，孟公绰的克制，卞庄子的勇敢，冉求的才艺，再用礼乐加以修饰，也就可以算是一个完人了。"孔子又说："现在的完人何必一定要这样呢？见到财利想到义的要求，遇到危险能献出生命，长久处于穷困还不忘平日的诺言，这样也可以成为一个人格完备的人。"

14.13 子问公叔文子[①]于公明贾[②]曰："信乎，夫子[③]不言，不笑，不取乎？"公明贾对曰："以[④]告者过也。夫子时然后言，人不厌其言；乐然后笑，人不厌其笑；义然后取，人不厌其取。"子曰："其然？岂其然乎？"

字词注解

①公叔文子：卫国大夫公孙拔，卫献公之子，谥号"文"。②公明贾：姓公明，字贾，卫国人。③夫子：文中指公叔文子。④以：此处是"这个"的意思。

诠译

孔子向公明贾问到公叔文子，说："先生他不说、不笑、不取钱财，这些都是真的吗？"公明贾答道："这是告诉你话的那个人言过其实。先生他到该说时才说，因此别人不厌恶他说话；快乐时才笑，因此别人不厌恶他笑；合于礼要求的财利他才取，因此别人不厌恶他取。"孔子说："是真的吗？难道

真是这样吗?”

14.14　子曰:“臧武仲以防求为后于鲁，虽曰不要君，吾不信也。”

诠译

孔子说:“臧武仲凭借防邑请求鲁君在鲁国替臧氏立后代，虽然有人说他不是要挟君主，我不相信。”

14.15　子曰:“晋文公[①]谲[②]而不正，齐桓公[③]正而不谲。”

字词注解

①晋文公：姓姬，名重耳，春秋时期有作为的政治家，著名的霸主之一。公元前636—前628年在位。②谲：音jué，欺诈，玩弄手段。③齐桓公：姓姜名小白，春秋时期有作为的政治家，著名的霸主之一。公元前685—前643年在位。

诠译

孔子说:“晋文公诡诈而不正派，齐桓公正派而不诡诈。”

14.16　**子路曰："桓公杀公子纠[1]，召忽[2]死之，管仲不死。"曰："未仁乎?"子曰："桓公九合诸侯[3]，不以兵车[4]，管仲之力也。如其仁[5]，如其仁。"**

字词注解

①公子纠：齐桓公的哥哥。齐桓公与他争位，杀掉了他。②召忽：管仲和召忽都是公子纠的家臣。③九合诸侯：指齐桓公多次召集诸侯盟会。④不以兵车：即不用武力。⑤如其仁：这就是他的仁德。

诠译

子路说："齐桓公杀了公子纠，召忽自杀，但管仲却没有自杀。"接着说："管仲不能算是仁人吧?"孔子说："桓公多次召集各诸侯国的盟会，不用武力，都是管仲的力量啊。这就是他的仁德，这就是他的仁德。"

14.17　**子贡曰："管仲非仁者与?桓公杀公子纠，不能死，又相之。"子曰："管仲相桓公，霸诸侯，一匡天下，民到于今受其赐。微[1]管仲，吾其被发左衽[2]矣。岂若匹夫匹妇之为谅[3]也，自经[4]于沟渎[5]而莫之知也?"**

字词注解

①微：无，没有。②被发左衽：被，同"披"。衽，衣襟。被发左衽是当时的夷狄之俗。③谅：遵守信用。这里指小节小信。④自经：上吊自杀。

⑤渎：小沟渠。

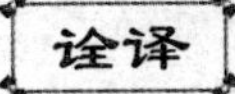

子贡问："管仲不能算是仁人了吧？桓公杀了公子纠，他不能为公子纠殉死，反而做了齐桓公的宰相。"孔子说："管仲辅佐桓公，称霸诸侯，匡正了天下，老百姓到了今天还享受到他的好处。如果没有管仲，恐怕我们也要披散着头发，衣襟向左开了。他哪能像普通百姓那样恪守小节，在沟渠里自缢，而没有人知道呢？"

14.18 公叔文子之臣大夫僎[1]与文子同升诸公[2]。子闻之，曰："可以为'文'矣。"

字词注解

①僎：音 zhuàn，人名。公叔文子的家臣。②升诸公：公，公室。这是说僎由家臣升为大夫，与公叔文子同位。

诠译

公叔文子的家臣僎和文子一同做了卫国的大夫。孔子听说了之后说："（他死后）可以给他'文'的谥号了。"

14.19　子言卫灵公之无道也，康子曰：“夫如是，奚而不丧?”孔子曰：“仲叔圉[①]治宾客，祝鮀治宗庙，王孙贾治军旅。夫如是，奚其丧?”

字词注解

①仲叔圉：即孔文子。他与后面提到的祝鮀、王孙贾都是卫国的大夫。

诠译

孔子讲到卫灵公的无道，季康子说：“既然是这样，为什么他没有败亡呢?”孔子说：“因为他有仲叔圉接待宾客，祝鮀管理宗庙祭祀，王孙贾统率军队。像这样，怎么会败亡呢?”

14.20　子曰：“其言之不怍[①]，则为之也难。”

字词注解

①怍：音 zuò，惭愧的意思。

诠译

孔子说：“说话如果不感到惭愧，那么实现这些话就很困难了。”

14.21　**陈成子[1]弑简公[2]。孔子沐浴而朝，告于哀公曰："陈恒弑其君，请讨之。"公曰："告夫三子[3]。"孔子曰："以吾从大夫之后[4]，不敢不告也。君曰'告夫三子'者。"之[5]三子告，不可。孔子曰："以吾从大夫之后，不敢不告也。"**

字词注解

①陈成子：即陈恒，齐国大夫，又叫田成子。他以大斗借出，小斗收进的方法受到百姓拥护。公元前481年，他杀死齐简公，夺取了政权。②简公：齐简公，姓姜名壬。公元前484—前481年在位。③三子：指季孙、孟孙、叔孙三家。④从大夫之后：孔子曾任过大夫职，但此时已经去官家居，所以说从大夫之后。⑤之：动词，往。

诠译

陈成子杀了齐简公。孔子斋戒沐浴后上朝，见到鲁哀公报告说："陈恒把他的君主杀了，请你出兵讨伐他。"哀公说："你去报告那三位大夫吧。"孔子退朝后说："因为我曾经做过大夫，所以不敢不来报告。君主却说'你去告诉那三位大夫吧'！"孔子去向那三位大夫报告，但没得到赞同。孔子说："因为我曾经做过大夫，所以不敢不来报告呀！"

14.22　**子路问事君。子曰："勿欺也，而犯之。"**

子路问如何侍奉君主。孔子说："不能欺骗他，但可以犯颜直谏。"

原文

14.23 子曰："君子上达，小人下达。"

孔子说："君子向上通达仁义，小人向下通达财利。"

原文

14.24 子曰："古之学者为己，今之学者为人。"

孔子说："古代的人学习是为了提高自己，而现在的人学习是为了让别人看到。"

原文

14.25 蘧伯玉[①]使人于孔子。孔子与之坐而问焉，曰："夫子何为？"对曰："夫子欲寡其过而未能也。"使者出。子曰："使乎！使乎！"

字词注解

①蘧伯玉：蘧，音 qú。人名，卫国大夫，名瑗。孔子到卫国时曾住在他的家里。

诠译

蘧伯玉派使者去拜访孔子。孔子让使者坐下，然后问道："先生最近在做什么？"使者回答："先生想要减少自己的错误，但未能做到。"使者走了。孔子说："好一位使者啊！好一位使者啊！"

14.26　子曰："不在其位，不谋其政。"曾子曰："君子思不出其位。"

诠译

孔子说："不在那个职位，就不要考虑那个职位上的事情。"曾子说："君子考虑问题，从来不超出自己的职位范围。"

14.27　子曰："君子耻其言而过其行。"

诠译

孔子说："君子认为说得多而做得少是可耻的。"

14.28　子曰："君子道者三，我无能焉：仁者不忧，知者不惑，勇者不惧。"子贡曰："夫子自道也。"

诠译

孔子说："君子之道有三个方面，我没有能力做到：仁德的人不忧愁，聪明的人不迷惑，勇敢的人不畏惧。"子贡说："这正是老师的自我表述啊！"

14.29　子贡方人[①]。子曰："赐也贤乎哉？夫我则不暇。"

字词注解

①方人：评论、诽谤别人。

诠译

子贡诽谤别人。孔子说："赐啊，你真的就那么贤良吗？我可没有闲工夫去评论别人。"

14.30　子曰："不患人之不己知，患其不能也。"

诠译

孔子说："不担心别人不知道自己，只担心自己没有能力。"

14.31　子曰："不逆①诈，不亿②不信，抑亦先觉者，是贤乎！"

字词注解

①逆：迎，预先猜测。②亿：同"臆"，猜测的意思。

诠译

孔子说："不预先猜测别人欺诈，也不猜测别人不诚实，然而能事先觉察别人的欺诈和不诚实，这就是贤人啊！"

14.32　微生亩①谓孔子曰："丘何为是②栖栖③者与？无乃为佞乎？"孔子曰："非敢为佞也，疾固④也。"

字词注解

①微生亩：鲁国人。②是：如此。③栖栖：音 xī，忙碌不安、不安定的样子。④疾固：疾，恨。固，固执。

诠译

微生亩对孔子说："你为什么这样四处奔波游说呢？你不就是要显示自己的口才和花言巧语吗？"孔子说："我不敢显示自己的花言巧语，只是痛恨那些顽固不化的人。"

原文

14.33 子曰："骥[①]不称其力，称其德也。"

字词注解

①骥：千里马。古代称善跑的马为骥。

诠译

孔子说："称赞千里马时，不是称赞它的气力，而是称赞它的品德。"

原文

14.34 或曰："以德报怨，何如？"子曰："何以报德？以直报怨，以德报德。"

诠译

有人说："用恩德来报答怨恨，怎么样？"孔子说："那又用什么来报答恩德呢？应该用正直来报答怨恨，用恩德来报答恩德。"

14.35　子曰：“莫我知也夫！”子贡曰：“何为其莫知子也?”子曰：“不怨天，不尤[①]人，下学而上达[②]。知我者其天乎！”

字词注解

①尤：责怪、怨恨。②下学而上达：下学学人事，上达达天命。

诠译

孔子说：“没有了解我的人啊！”子贡说：“怎么说没有了解您的人呢?”孔子说：“我不埋怨天，也不责备人，下学礼乐而上达天命。只有天了解我吧！”

14.36　公伯寮[①]愬[②]子路于季孙。子服景伯[③]以告，曰：“夫子固有惑志于公伯寮，吾力犹能肆诸市朝。”子曰：“道之将行也与，命也；道之将废也与，命也。公伯寮其如命何！”

字词注解

①公伯寮：姓公伯，名寮，字子周，孔子的学生，曾任季氏的家臣。②愬：音sù，同“诉”，告发，诽谤。③子服景伯：鲁国大夫，姓子服名何，“景”是他的谥号。

诠译

公伯寮向季孙告发子路。子服景伯把这件事告诉了孔子，并说："季孙氏已经被公伯寮迷惑了，我的力量能够把公伯寮杀了，把他陈尸于市。"孔子说："道能够得到推行，取决于天命；道不能得到推行，也取决于天命。公伯寮能把天命怎么样呢？"

原文

14.37　子曰："贤者辟[①]世，其次辟地，其次辟色，其次辟言。"子曰："作者七人[②]矣。"

字词注解

①辟：同"避"，逃避。②七人：即伯夷、叔齐、虞仲、夷逸、朱张、柳下惠、少连。

诠译

孔子说："贤能的人能逃避动荡的社会而隐居，次一等的逃避到另外一个地方去，再次一点的逃避别人难看的脸色，再次一点的回避别人不好听的话。"孔子又说："这样做的已经有七个人了。"

原文

14.38　子路宿于石门[①]。晨门[②]曰："奚自？"子路曰："自孔氏。"曰："是知其不可而为之者与？"

字词注解

①石门：地名。鲁国都城的外门。②晨门：早上看守城门的人。

诠译

子路夜里住在石门。看门的人问："从哪里来？"子路说："从孔子那里来。"看门的人说："是那个知道自己做不到却还要去做的人吗？"

14.39 子击磬[①]于卫。有荷蒉[②]而过孔氏之门者，曰："有心哉，击磬乎！"既而曰："鄙哉，硁硁[③]乎！莫己知也，斯己而已矣。深则厉[④]，浅则揭[⑤]。"子曰："果哉！末[⑥]之难[⑦]矣。"

字词注解

①磬：音 qìng，一种打击乐器的名称。②荷蒉：荷，肩扛。蒉，音 kuì，草筐，肩背着草筐。③硁硁：音 kēng，击磬的声音。④深则厉：穿着衣服涉水过河。⑤浅则揭：提起衣襟涉水过河。⑥末：无。⑦难：责问。

诠译

孔子在卫国，一次正在敲击磬，有一位背扛草筐的人从门前走过，说："这个击磬的人有心思啊！"一会儿又说："声音硁硁的，真可鄙呀！没有人了解自己，就只为自己就是了。（好像涉水一样）水深就穿着衣服蹚过去，水浅

就撩起衣服蹚过去。”孔子说：“说得真干脆，没有什么可以责问他了。”

14.40　子张曰：“《书》云：‘高宗[1]谅阴[2]，三年不言。’何谓也？”子曰：“何必高宗，古之人皆然。君薨[3]，百官总己以听于冢宰[4]三年。”

字词注解

①高宗：商王武宗。②谅阴：古时天子守丧之称。③薨：音 hōng，周代时诸侯死称此。④冢宰：官名，相当于后世的宰相。

诠译

子张说：“《尚书》上说：‘高宗守丧，三年不谈政事。’这是什么意思？”孔子说：“不仅是高宗，古人都是这样。国君死了，朝廷百官都各管自己的职事，听命于冢宰三年。”

14.41　子曰：“上好礼，则民易使也。”

诠译

孔子说：“权位高的人如果喜好礼，那么百姓就容易指使了。”

14.42 **子路问君子。子曰："修己以敬。"曰："如斯而已乎?"曰："修己以安人[①]。"曰："如斯而已乎?"曰："修己以安百姓[②]。修己以安百姓，尧、舜其犹病诸!"**

字词注解

①安人：使上层人物安乐。②安百姓：使老百姓安乐。

诠译

子路问什么叫君子。孔子说："修养自己，保持严肃恭敬的态度。"子路说："按照这些去做就可以了吗?"孔子说："修养自己，使周围的人们安乐。"子路说："这样就够了吗?"孔子说："修养自己，使所有百姓都安乐。能修养自己使所有百姓都安乐，尧、舜还怕难于做到呢!"

14.43 **原壤[①]夷俟[②]。子曰："幼而不孙弟[③]，长而无述焉，老而不死，是为贼。"以杖叩其胫。**

字词注解

①原壤：鲁国人，孔子的旧友。他母亲死了，他还大声歌唱，孔子认为这是大逆不道。②夷俟：夷，双腿分开而坐。俟，音 sì，等待。③孙弟：同"逊悌"。

诠译

原壤叉开双腿坐着等待孔子。孔子骂他说："年龄小的时候，你不讲孝悌，长大了又没有什么可说的成就，老而不死，真是害人虫。"说着，用手杖敲他的小腿。

原文

14.44 阙党[1]童子将命[2]。或问之曰："益者与?"子曰："吾见其居于位[3]也，见其与先生并行也。非求益者也，欲速成者也。"

字词注解

①阙党：即阙里，孔子家住的地方。②将命：在宾主之间传言。③居于位：童子与长者同坐。

诠译

阙里的一个童子，来向孔子传话。有人问孔子说："这是个求上进的孩子吗?"孔子说："我看见他坐在成年人的位子上，又见他和长辈并肩而行。他并非要求上进的人，只是个想快速取得成就的人。"

卫灵公篇第十五

本篇简介

本篇共四十二章，内容涉及孔子的“君子小人”观的若干方面、孔子的教育思想和政治思想，孔子在其他方面的言行等。

15.1 卫灵公问陈[①]于孔子。孔子对曰：“俎豆[②]之事，则尝闻之矣；军旅之事，未之学也。”明日遂行。

字词注解

①陈：同“阵”，军队作战时布列的阵势。②俎豆：俎，音 zǔ。俎豆是古代盛食物的器皿，被用作祭祀时的礼器。这里指祭祀礼仪。

诠译

卫灵公向孔子问军队作战的阵势。孔子回答说：“祭祀礼仪方面的事情，我曾经听说过；用兵打仗的事，我从来没有学过。”第二天孔子便离开了卫国。

15.2 **在陈绝粮，从者病，莫能兴。子路愠[①]见曰：“君子亦有穷乎？”子曰：“君子固穷[②]，小人穷斯滥矣。”**

字词注解

①愠：音 yùn，恼怒，怨恨。②固穷：固守穷困，安守穷困。

诠译

（孔子一行）在陈国断了粮食，随从的人病了，不能起来。子路很不高兴地见到孔子，说道：“君子也能穷困得毫无办法吗？”孔子说：“君子虽然穷困，但还是坚持着；小人一遇穷困就无所不为了。”

15.3 **子曰：“赐也，女以予为多学而识之者与？”对曰：“然，非与？”曰：“非也，予一以贯之。”**

诠译

孔子说：“赐啊，你以为我是学习得多又能都记住的吗？”子贡答道：“是啊，难道不是这样吗？”孔子说：“不是的，我是用一个基本的道理把它们联系起来的。”

15.4　子曰："由！知德者鲜矣。"

诠译

孔子说："仲由啊！懂得德的人太少了。"

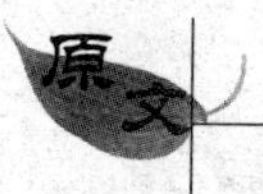

15.5　子曰："无为而治[1]者其舜也与？夫[2]何为哉？恭己正南面而已矣。"

字词注解

①无为而治：国家的统治者不必有所作为便可以治理国家了。②夫：代词，他。

诠译

孔子说："能够不必有所作为而治理天下的人大概只有舜吧？他做了些什么呢？只不过是庄严端正地坐在王位上而已。"

15.6　子张问行[1]。子曰："言忠信，行笃敬，虽蛮貊[2]之邦，行矣。言不忠信，行不笃敬，虽州里[3]，行乎哉？立则见其参[4]于前也，在舆则见其倚于衡[5]也，夫然后行。"子张书诸绅[6]。

字词注解

①行：通达的意思。②蛮貊：古人对少数民族的贬称。蛮，在南方。貊，音 mò，在北方。③州里：五家为邻，五邻为里，五百家为党，五党为州。州里指近处。④参：列，显现。⑤衡：车辕前面的横木。⑥绅：贵族系在腰间的大带。

诠译

子张问如何做事才行得通。孔子说："说话要忠信，行事要笃敬，即使到了蛮貊地区，也可以行得通。说话不忠信，行事不笃敬，纵然在本乡本土，能行得通吗？站着就仿佛看到忠信笃敬这几个字显现在面前，坐车就好像看到这几个字刻在车辕前的横木上，这样才能使自己到处行得通。"子张把这些话写在腰间的大带上。

原文

15.7　子曰："直哉史鱼[①]！邦有道，如矢[②]；邦无道，如矢。君子哉蘧伯玉！邦有道，则仕；邦无道，则可卷[③]而怀之。"

字词注解

①史鱼：卫国大夫，名鳝，字子鱼，他多次向卫灵公推荐蘧伯玉。②如矢：矢，箭。形容其直。③卷：同"捲"，收起。

诠译

孔子说："史鱼真是正直啊！国家有道，他的言行像箭一样直；国家无道，他的言行也像箭一样直。蘧伯玉也真是一位君子啊！国家有道就出来做

官，国家无道就（辞退官职）把自己的主张收藏在心里。”

15.8　子曰：“可与言而不与之言，失人；不可与言而与之言，失言。知者不失人，亦不失言。”

诠译

孔子说：“可以同他谈的话，却不同他谈，这样就失掉了朋友；不可以同他谈的话，却同他谈，这样就说错了话。聪明的人既不失掉朋友，也不说错话。”

15.9　子曰：“志士仁人，无求生以害仁，有杀身以成仁。”

诠译

孔子说：“志士仁人，没有贪生怕死而损害仁的，只有牺牲自己的性命来成全仁的。”

15.10　子贡问为仁。子曰：“工欲善其事，必先利其器。居是邦也，事其大夫之贤者，友其士之仁者。”

诠译

子贡问怎样实行仁德。孔子说："做工的人想把活儿做好，就会先完善他的工具。住在这个国家，就要侍奉大夫中的那些贤者，与士人中的仁者交朋友。"

原文

15.11　颜渊问为邦。子曰："行夏之时[①]，乘殷之辂[②]，服周之冕[③]，乐则《韶》《舞》[④]。放[⑤]郑声[⑥]，远[⑦]佞人。郑声淫，佞人殆[⑧]。"

字词注解

①夏之时：夏代的历法，便于农业生产。②殷之辂：辂，音lù，天子所乘的车。殷代的车是木制的，比较朴实。③周之冕：周代的礼帽。④《韶》《舞》：是舜时的舞乐，孔子认为是尽善尽美的。⑤放：禁绝、排斥、抛弃的意思。⑥郑声：郑国的乐曲，孔子认为是淫声。⑦远：远离。⑧殆：危险。

诠译

颜渊问怎样治理国家。孔子说："用夏代的历法，乘殷代的车子，戴周代的礼帽，奏《韶》乐和《舞》乐。禁绝郑国的乐曲，疏远巧言令色的人。郑国的乐曲浮靡不正派，巧言令色的人太危险。"

原文

15.12　子曰："人无远虑，必有近忧。"

诠译

孔子说："一个人没有长远的考虑，一定会有眼前的忧患。"

15.13　**子曰："已矣乎！吾未见好德如好色者也。"**

诠译

孔子说："完了！我从来没有见过好德像好色那样的人。"

15.14　**子曰："臧文仲其窃位[①]者与？知柳下惠[②]之贤而不与立也。"**

字词注解

①窃位：身居官位而不称职。②柳下惠：春秋中期鲁国大夫，姓展名获，又名禽，他受封的地名是柳下，"惠"是他的私谥，所以，人称其为柳下惠。

诠译

孔子说："臧文仲是一个窃居官位的人吧？他明知道柳下惠是个贤人，却不举荐他一起做官。"

15.15　子曰：“躬自厚而薄责于人，则远怨矣。”

诠译

孔子说：“多责备自己而少责备别人，那样就可以远离怨恨了。”

15.16　子曰：“不曰‘如之何[1]，如之何’者，吾末[2]如之何也已矣。”

字词注解

①如之何：怎么办的意思。②末：这里指没有办法。

诠译

孔子说：“遇事从来不说‘怎么办，怎么办’的人，我对他也不知怎么办才好。”

15.17　子曰：“群居终日，言不及义，好行小慧，难矣哉！”

孔子说：“整天聚在一块，说的却达不到义的标准，只喜欢显摆自己的小聪明，这种人真难教导！”

15.18　子曰：“君子义以为质，礼以行之，孙以出之，信以成之。君子哉！”

诠译

孔子说：“君子以义作为根本，用礼加以推行，用谦逊的语言来表达，用忠诚的态度来完成。这就是君子啊！”

15.19　子曰：“君子病无能焉，不病人之不己知也。”

诠译

孔子说：“君子只怕自己没有才能，不怕别人不知道自己。”

15.20　子曰：“君子疾没世[①]而名不称焉。”

字词注解

①没世：死亡之后。

诠译

孔子说："君子担心死后他的名声得不到人们的称颂。"

原文

15.21 子曰："君子求诸己，小人求诸人。"

诠译

孔子说："君子凡事求自己，小人凡事求别人。"

原文

15.22 子曰："君子矜[①]而不争，群而不党。"

字词注解

①矜：音 jīn，庄重的意思。

诠译

孔子说："君子庄重而不与别人争执，合群而不结党营私。"

15.23　子曰："君子不以言举人，不以人废言。"

诠译

孔子说："君子不凭一个人的言谈来举荐他，也不因为一个人品德问题而忽略他的言谈。"

15.24　子贡问曰："有一言而可以终身行之者乎？"子曰："其恕乎！己所不欲，勿施于人。"

诠译

子贡问孔子问道："有没有一个字是可以终身奉行的呢？"孔子回答说："那就是恕吧！自己不愿意的，不要强加给别人。"

15.25　子曰："吾之于人也，谁毁谁誉？如有所誉者，其有所试矣。斯民也，三代之所以直道而行也。"

诠译

孔子说："我对于别人，诋毁过谁？赞美过谁？如有所赞美的，也是曾经考验过他的。夏商周三代的人都是这样做的，所以三代能直道而行。"

15.26　子曰：“吾犹及史之阙文[①]也，有马者借人乘之[②]，今亡矣夫！”

字词注解

①阙文：史官记史，遇到有疑问的地方便缺而不记，这叫作阙文。②有马者借人乘之：有人认为此句系错出，另有一种解释为：有马的人自己不会调教，而靠别人训练。本书依从后者。

诠译

孔子说：“我仍然可以看到史书存疑的地方，有马的人（自己不会调教）靠别人训练，这种精神现在没有了吧。”

15.27　子曰：“巧言乱德。小不忍，则乱大谋。”

诠译

孔子说：“花言巧语就会败坏人的德行。小事情不忍耐，就会破坏大事情。”

15.28　子曰：“众恶之，必察焉；众好之，必察焉。”

孔子说：“大家都厌恶他，我必须考察他；大家都喜欢他，我也会考察他。”

15.29　**子曰：“人能弘道，非道弘人。”**

孔子说：“人能够使道发扬光大，而不是道弘扬人的才能。”

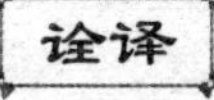

15.30　**子曰：“过而不改，是谓过矣。”**

孔子说：“有了过错而不改正，这才真叫过。”

原文

15.31　**子曰：“吾尝终日不食，终夜不寝，以思，无益，不如学也。”**

诠译

孔子说：“我曾经整天不吃饭，整夜不睡觉，去左思右想，结果什么好处也没有，还不如去学习为好。”

15.32　子曰：“君子谋道不谋食。耕也，馁[①]在其中矣；学也，禄[②]在其中矣。君子忧道不忧贫。”

字词注解

①馁：音 něi，饥饿。②禄：做官的俸禄。

诠译

孔子说：“君子只谋求行道，不谋求衣食。耕田，却常要饿肚子；学习，却可以得到俸禄。君子只担心道不能行，不担心贫穷。”

15.33　子曰：“知及之[①]，仁不能守之，虽得之，必失之。知及之，仁能守之，不庄以涖[②]之，则民不敬。知及之，仁能守之，庄以涖之，动之不以礼，未善也。”

字词注解

①知及之：知，同“智”。之，一说是指百姓；一说是指国家。此处指禄

位和国家天下。②涖：同“莅”，音 lì，临、到的意思。

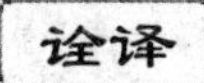

孔子说：“通过聪明才智拥有禄位或天下，但仁德不能保持它，即使拥有，也一定会丧失。通过聪明才智拥有它，仁德可以保持它，不用严肃的态度来治理百姓，那么百姓就会不尊敬。通过聪明才智拥有它，仁德可以保持它，能用严肃的态度来治理百姓，但使用百姓时不照礼的要求，那也是不完善的。”

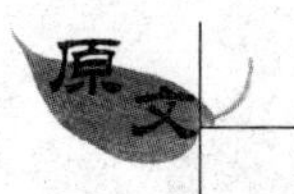

15.34　子曰：“君子不可小知①而可大受②也，小人不可大受而可小知也。”

字词注解

①小知：知，作为的意思。这里是说做小事情。②大受：受，责任、使命的意思。这里是说承担大任。

诠译

孔子说：“不能让做那些小事，但可以让他们承担重大的使命。不能让承担重大的使命，但可以让他们做那些小事。”

15.35 **子曰："民之于仁也，甚于水火。水火，吾见蹈而死者矣，未见蹈仁而死者也。"**

孔子说："百姓们对于仁（的需要），比对于水火（的需要）更迫切。我只见过人跳到水火中而死的，却没有见过实行仁而死的。"

15.36 **子曰："当仁，不让于师。"**

诠译

孔子说："面对着仁德，就是老师也不同他谦让。"

15.37 **子曰："君子贞[①]而不谅[②]。"**

字词注解

①贞：一说是"正"的意思；一说是"大信"的意思。这里选用"正"的说法。②谅：指小信用。

诠译

孔子说："君子固守正道而不拘泥于小信用。"

15.38 子曰："事君，敬其事而后其食[1]。"

字词注解

①食：食禄，俸禄。

诠译

孔子说："侍奉君主，要谨慎做事而后考虑领取俸禄的事。"

15.39 子曰："有教无类。"

诠译

孔子说："人人都可以接受教育，不分族类。"

15.40 子曰："道不同，不相为谋。"

诠译

孔子说："主张不同，就不互相商议。"

原文

15.41　子曰："辞达而已矣。"

诠译

孔子说："言辞只要能表达清楚就可以了。"

原文

15.42　师冕[1]见，及阶，子曰："阶也。"及席，子曰："席也。"皆坐，子告之曰："某在斯，某在斯。"师冕出。子张问曰："与师言之道与？"子曰："然，固相[2]师之道也。"

字词注解

①师冕：乐师，古代乐师一般由盲人担任。这位乐师的名字是冕。②相：帮助。

诠译

盲乐师冕来见孔子，走到台阶沿，孔子说："这是台阶。"走到坐席旁，孔子说："这是坐席。"大家都坐下来后，孔子告诉他："某某在这里，某某在这里。"盲乐师冕走了。子张就问孔子："这就是与盲乐师谈话的方式吗？"孔子说："对，这就是帮助盲乐师的方式。"

季氏篇第十六

本篇简介

本篇共十四章，主要谈论的问题包括孔子及其学生的政治活动，与人相处和结交时注意的原则，君子的三戒、三畏和九思等。

16.1　季氏将伐颛臾[①]。冉有、季路见于孔子曰："季氏将有事[②]于颛臾。"孔子曰："求！无乃尔是过与？夫颛臾，昔者先王以为东蒙主[③]，且在邦域之中矣，是社稷之臣也。何以伐为？"冉有曰："夫子欲之，吾二臣者皆不欲也。"孔子曰："求！周任[④]有言曰：'陈力就列[⑤]，不能者止。'危而不持，颠而不扶，则将焉用彼相[⑥]矣？且尔言过矣，虎兕[⑦]出于柙[⑧]，龟玉毁于椟[⑨]中，是谁之过与？"冉有曰："今夫颛臾，固而近于费[⑩]。今不取，后世必为子孙忧。"孔子曰："求！君子疾夫舍曰欲之而必为之辞。丘也闻有国有家者，不患寡而患不均，不患贫而患不安。盖均无贫，和无寡，安无倾。夫如是，故远人不服，则修文德以来之。既来之，则安之。今由与求也，相夫子，远人不服，而不能来也；邦分崩离析，而不能守也；而谋动干戈于邦内。吾恐季孙之忧，不在颛臾，而在萧墙之内也。"

字词注解

①颛臾：音 zhuān yú，鲁国的附属国，在今山东费县西。②有事：指有军事行动，用兵作战。③东蒙主：东蒙，蒙山。主，主持祭祀的人。④周任：人名，周代史官。⑤陈力就列：陈力，发挥能力，按才力担任适当的职务。⑥相：搀扶盲人的人叫相，这里是辅助的意思。⑦兕：音 sì。雌性犀牛，或说野牛。⑧柙：音 xiá，用以关押野兽的木笼。⑨椟：音 dú，匣子。⑩费：音 bì，季氏的采邑。

诠译

季氏将要讨伐颛臾。冉有、子路去见孔子说："季氏快要攻打颛臾了。"孔子说："冉求！这难道不是你的过错吗？颛臾从前是周天子让它主持东蒙的祭祀的，而且又在鲁国的疆域之内，是鲁国的臣属啊。为什么要讨伐它呢？"冉有说："季孙大夫想去攻打，我们两个人都不想这样啊。"孔子说："冉求！周任有句话说：'尽自己的努力去担任适当的职务，如果做不好就辞职。'有了危险不去扶助，跌倒了不去搀扶，那还用辅助的人干什么呢？况且你说的话错了，老虎、犀牛从笼子里跑出来，龟甲、玉器在匣子里毁坏了，这是谁的过失呢？"冉有说："现在颛臾城墙坚固，而且离费邑不是很远。现在不把它夺取过来，将来一定会成为子孙的忧患。"孔子说："冉求！君子痛恨那种不肯实说自己想要那样做而又一定要找出理由来为之辩解的做法。我听说，有些诸侯和大夫，不怕贫穷，而怕财富不均；不怕人少，而怕不安定。因为财富均了，贫穷也就没了；国家和平，就不会感到人少；安定了，也就受不到倾覆的威胁了。做到这样，如果远方的人还不归服，就用仁、义、礼、乐招徕他们。已经来了，就让他们安下心来。如今，仲由和冉求你们两个人辅助季氏，远方的人不归服，而不能招徕他们；国内民心离散，你们不能保全；反而策划在国内使用武力。我只怕季孙的忧患不在颛臾，而是在鲁国内部吧。"

16.2　**孔子曰："天下有道，则礼乐征伐自天子出；天下无道，则礼乐征伐自诸侯出。自诸侯出，盖十世希不失矣；自大夫出，五世希不失矣；陪臣执国命，三世希不失矣。天下有道，则政不在大夫。天下有道，则庶人不议。"**

诠译

孔子说："天下有道的时候，制作礼乐和出兵打仗都由天子决定；天下无道的时候，制作礼乐和出兵打仗，由诸侯做主决定。由诸侯做主决定，大概经过十代很少有不垮台的；由大夫决定，经过五代很少有不垮台的；由大夫的家臣把持国家政权经过三代很少有不垮台的。天下有道，国家政权就不会落在大夫手中。天下有道，那么老百姓就不会谈论（政事）了。"

16.3　**孔子曰："禄之去公室五世①矣，政逮②于大夫四世③矣，故夫三桓④之子孙微矣。"**

字词注解

①五世：指鲁国宣公、成公、襄公、昭公、定公五世。②逮：及。③四世：指季孙氏文子、武子、平子、桓子四世。④三桓：鲁国仲孙、叔孙、季孙都出于鲁桓公，所以叫三桓。

诠译

孔子说："鲁国失去国家政权已经有五代了，政权落在大夫之手已经四代了，所以三桓的子孙也衰微了。"

16.4　孔子曰："益者三友，损者三友。友直，友谅[①]，友多闻，益矣。友便辟[②]，友善柔[③]，友便佞[④]，损矣。"

字词注解

①谅：诚信。②便辟：惯于走邪道。③善柔：善于阿谀奉承。④便佞：惯于花言巧语。

诠译

孔子说："有益的交友有三种，有害的交友有三种。同正直的人交友，同诚信的人交友，同见闻广博的人交友，这是有益的。同惯于走邪道的人交朋友，同善于阿谀奉承的人交朋友，同惯于花言巧语的人交朋友，这是有害的。"

16.5　孔子曰："益者三乐，损者三乐。乐节礼乐[①]，乐道人之善，乐多贤友，益矣。乐骄乐[②]，乐佚[③]游，乐晏乐[④]，损矣。"

字词注解

①节礼乐：孔子主张用礼乐来节制人。②骄乐：骄纵不知节制的乐。③佚：同"逸"。④晏乐：沉溺于宴饮取乐。

诠译

孔子说：“有益的喜好有三种，有害的喜好有三种。以礼乐调节自己为喜好，以称道别人的好处为喜好，以有许多贤德之友为喜好，这是有益的。以骄纵不知节制的乐为喜好，以闲游为喜好，以沉溺宴饮取乐为喜好，这是有害的。”

16.6　孔子曰：“侍于君子有三愆[1]：言未及之而言谓之躁，言及之而不言谓之隐，未见颜色而言谓之瞽[2]。”

字词注解

①愆：音 qiān，过失。②瞽：音 gǔ，盲人。

诠译

孔子说：“侍奉在君子旁边要避免犯三种过失：还没有问到你的时候就说话，这是急躁；已经问到你的时候你却不说，这是隐瞒；不看君子的脸色而贸然说话，这如盲人。”

16.7　孔子曰：“君子有三戒：少之时，血气未定，戒之在色；及其壮也，血气方刚，戒之在斗；及其老也，血气既衰，戒之在得。”

诠译

孔子说："君子有三种事情应引以为戒：年少的时候，血气还不成熟，要戒除对女色的迷恋；等到身体成熟了，血气方刚，要戒除与人争斗；等到老年，血气已经衰弱了，要戒除贪得无厌。"

原文

16.8 孔子曰："君子有三畏：畏天命，畏大人，畏圣人之言。小人不知天命而不畏也，狎大人，侮圣人之言。"

诠译

孔子说："君子有三件敬畏的事情：敬畏天命，敬畏地位高贵的人，敬畏圣人的话。小人不懂得天命所以不敬畏，不尊重地位高贵的人，轻侮圣人的言辞。"

原文

16.9 孔子曰："生而知之者上也，学而知之者次也；困而学之，又其次也；困而不学，民斯为下矣。"

诠译

孔子说："生来就知道的人是上等人；学习以后才知道的是次一等的人；遇到困难再去学习的，是又次一等的人；遇到困难而不学习的人，这种人就是最下等的人了。"

16.10　孔子曰："君子有九思：视思明，听思聪，色思温，貌思恭，言思忠，事思敬，疑思问，忿思难，见得思义。"

诠译

孔子说："君子有九种事要思考：看的时候，要思考是否看清；听的时候，要思考是否听清；脸色，要思考是否温和；容貌，要思考是否谦恭；言谈，要思考是否忠诚；办事，要思考是否谨慎；有疑问，要思考怎样向别人询问；发怒时，要思考是否有后患；获取财利时，要思考是否合乎道义的准则。"

16.11　孔子曰："见善如不及，见不善如探汤。吾见其人矣，吾闻其语矣。隐居以求其志，行义以达其道。吾闻其语矣，未见其人也。"

诠译

孔子说："看到善良的行为，就担心自己达不到，看到不善的行动，就好像把手伸到开水中一样（连忙闪躲）。我见到过这样的人，也听到过这样的话。以隐居避世来保全自己的志向，依照义而贯彻自己的主张。我听到过这种话，但从没有见到过这样的人。"

原文

16.12 齐景公有马千驷，死之日，民无德而称焉。伯夷、叔齐饿于首阳之下，民到于今称之。其斯之谓与?

诠译

齐景公有马四千匹，死的时候，百姓们觉得他没有什么德行可以称颂。伯夷、叔齐饿死在首阳山下，百姓们到现在还在称颂他们。说的就是这个意思吧?

原文

16.13 陈亢[①]问于伯鱼曰："子亦有异闻[②]乎?"对曰："未也。尝独立，鲤趋而过庭。曰：'学诗乎?'对曰：'未也。''不学诗，无以言。'鲤退而学诗。他日，又独立，鲤趋而过庭。曰：'学礼乎?'对曰：'未也。''不学礼，无以立。'鲤退而学礼。闻斯二者。"陈亢退而喜曰："问一得三。闻诗，闻礼，又闻君子之远[③]其子也。"

字词注解

①陈亢：亢，音 gāng，即陈子禽。②异闻：这里指不同于对其他学生所讲的内容。③远：音 yuàn，不亲近、不偏爱。

诠译

陈亢问伯鱼说："您听到过您父亲什么特别的教诲吗?"伯鱼回答说："没有呀。有一次父亲一个人站在堂上，我快步从庭里走过。父亲说：'学诗了

吗?’我回答说:‘没有。’父亲说:‘不学诗,就不懂得怎么说话。’我就回去学诗。又有一天,父亲又独自站在堂上,我快步从庭里走过。父亲说:‘学礼了吗?’我回答说:‘没有。’他说:‘不学礼就不懂得怎样立身。’我就回去学礼。我就听到过这两点教诲。”陈亢回去高兴地说:“我提一个问题却得到三个问题的答案,听了关于诗的道理,听了关于礼的道理,又听了君子不偏爱自己儿子的道理。”

16.14 **邦君之妻,君称之曰夫人,夫人自称曰小童;邦人称之曰君夫人,称诸异邦曰寡小君;异邦人称之亦曰君夫人。**

诠译

国君的妻子,国君称她为夫人,夫人自称为小童;国人称她为君夫人,对别的国家则称她为寡小君;他国人也称她为君夫人。

阳货篇第十七

本篇简介

本篇共二十六章，介绍了孔子的道德教育思想，孔子对仁的进一步解释，还有关于为父母守丧三年的问题，也谈到君子与小人的区别等。

17.1 阳货[①]欲见孔子，孔子不见，归孔子豚[②]。孔子时其亡[③]也，而往拜之。遇诸涂[④]。谓孔子曰："来！予与尔言。"曰："怀其宝而迷其邦[⑤]，可谓仁乎？"曰："不可。""好从事而亟[⑥]失时，可谓知乎？"曰："不可。""日月逝矣，岁不我与[⑦]。"孔子曰："诺，吾将仕矣。"

字词注解

①阳货：又叫阳虎，季氏的家臣。②归孔子豚：归，音 kuì，赠送。豚，音 tún，小猪。赠给孔子一只熟小猪。③时其亡：等他外出的时候。④遇诸涂：涂，同"途"，道路。在路上遇到了他。⑤迷其邦：听任国家迷乱。⑥亟：屡次。⑦与：等待的意思。

阳货想见孔子，孔子不去，于是阳货便赠送给孔子一只熟小猪。孔子打听到阳货不在家时，就前往阳货家拜谢。（两人）却在半路上遇见了。阳货对孔子说：“来！我有话要跟你说。”（孔子走过去。）阳货说：“藏匿自己的本领而听任国家迷乱，这可以叫仁吗?”（孔子回答）说：“不可以。”“喜欢参与政事而又屡次错过机会，这可以说是智吗?”（孔子回答）说：“不可以。”（阳货）说：“时间一天天过去了，时间是不等人的。”孔子说：“好吧，我将要出去做官了。”

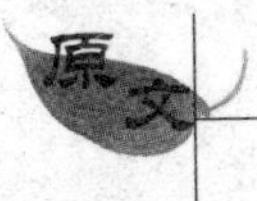

17.2　子曰：“性相近也，习相远也。”

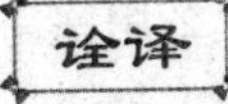

孔子说：“人的本性是相近的，由于习惯不同而渐渐有了差别。”

17.3　子曰：“唯上知与下愚不移。”

孔子说：“只有上等的智者与下等的愚者是无法改变的。”

17.4　子之武城[1]，闻弦歌[2]之声。夫子莞尔而笑，曰："割鸡焉用牛刀?"子游对曰："昔者偃也闻诸夫子曰：'君子学道则爱人，小人学道则易使也。'"子曰："二三子！偃之言是也。前言戏之耳。"

字词注解

①武城：鲁国的一个小城，当时子游是武城宰。②弦歌：弦，指琴瑟。以琴瑟伴奏歌唱。

诠译

孔子到武城，听见弹琴唱歌的声音。孔子微笑着说："杀鸡为什么用宰牛的刀呢?"子游回答："过去我听先生说过：'君子学习了礼乐就能爱人，小人学习了礼乐就容易使换。'"孔子说："学生们！言偃的话是对的。我刚才说的话只是开玩笑。"

17.5　公山弗扰[1]以费畔，召，子欲往。子路不说，曰："末之也已[2]，何必公山氏之之也[3]?"子曰："夫召我者，而岂徒[4]哉?如有用我者，吾其为东周[5]乎!"

字词注解

①公山弗扰：人名，又称公山不狃，字子洩，季氏的家臣。②末之也已：末，无。之，到、往。末之，无处去。已，止，算了。③之之也：第一个

"之"字是助词，后一个"之"字是动词，去到的意思。④徒：徒然，空无所据。⑤为东周：建造一个东方的周王朝，在东方复兴周礼。

诠译

公山弗扰据费邑反叛，来召孔子，孔子准备前去。子路不高兴地说："没有地方去就算了，为什么一定要去公山弗扰那里呢？"孔子说："他来召我，难道只是一句空话吗？如果有人用我，我就要在东方复兴周礼！"

17.6 子张问仁于孔子。孔子曰："能行五者于天下为仁矣。""请问之。"曰："恭、宽、信、敏、惠。恭则不侮，宽则得众，信则人任焉，敏则有功，惠则足以使人。"

诠译

子张向孔子问仁。孔子说："能够将五种品德广行于天下，就是仁了。"子张说："请问哪五种？"孔子说："庄重、宽厚、诚信、勤敏、慈惠。庄重就不会遭受侮辱，宽厚就会得到众人的拥护，诚信就能得到别人的任用，勤敏就会提高工作效率，慈惠就能够很好地使唤人。"

17.7 佛肸[①]召，子欲往。子路曰："昔者由也闻诸夫子曰：'亲于其身为不善者，君子不入也。'佛肸以中牟[②]畔，子之往也，如之何？"子曰："然，有是言也。不曰坚乎，磨而不磷[③]；不曰白乎，涅[④]而不缁[⑤]。吾岂匏瓜[⑥]也哉？焉能系[⑦]而不食？"

字词注解

①佛肸：音 bì xī，晋国大夫范氏家臣，中牟城地方官。②中牟：地名，约在今河北邢台与邯郸之间。③磷：损伤。④涅：一种矿物质，可用作颜料染衣服。⑤缁：音 zī，黑色。⑥匏瓜：葫芦中的一种，味苦不能吃。⑦系：音 jì，结，扣。

诠译

佛肸召孔子去，孔子打算前往。子路说："过去我听先生说过：'自身做坏事的人那里，君子是不去的。'现在佛肸据中牟反叛，您却要去，这是为什么呢？"孔子说："是的，我有过这样的话。不是说坚硬的东西磨也磨不坏吗；不是说洁白的东西染也染不黑吗。我难道是个苦味的葫芦吗？怎么能只挂在那里而不给人吃呢？"

17.8　子曰："由也！女闻六言六蔽矣乎？"对曰："未也。""居[①]！吾语女。好仁不好学，其蔽也愚[②]。好知不好学，其蔽也荡[③]。好信不好学，其蔽也贼[④]。好直不好学，其蔽也绞[⑤]。好勇不好学，其蔽也乱。好刚不好学，其蔽也狂。"

字词注解

①居：坐。②愚：受人愚弄。③荡：放荡。好高骛远而没有根基。④贼：害。⑤绞：说话尖刻。

诠译

孔子说："仲由呀！你听说过六种品德和六种弊病吗？"子路回答说："没有。"孔子说："坐下！我来告诉你。爱好仁德却不喜欢学习，它的弊病是受人愚弄。爱好智慧而不喜欢学习，它的弊病是行为放荡。爱好诚信却不喜欢学习，它的弊病是危害自己。爱好直率却不喜欢学习，它的弊病是说话尖刻。爱好勇敢却不喜欢学习，它的弊病是犯上作乱。爱好刚强却不喜欢学习，它的弊病是狂妄自大。"

原文

17.9　子曰："小子何莫学夫诗？诗，可以兴①，可以观②，可以群③，可以怨④。迩⑤之事父，远之事君。多识于鸟兽草木之名。"

字词注解

①兴：激发感情的意思。一说是诗的比兴。②观：观察了解天地万物与人间万象。③群：合群。④怨：讽谏上级，怨而不怒。⑤迩：音ěr，近。

诠译

孔子说："学生们为什么不学习《诗》呢？学《诗》可以激发志气，可以观察天地万物及人间的盛衰与得失，可以使人懂得合群的必要，可以使人懂得怎样去讽谏上级。近可以用来侍奉父母，远可以用来侍奉君主。还可以多知道一些鸟兽草木的名字。"

17.10　**子谓伯鱼曰："女为《周南》《召南》[1]矣乎？人而不为《周南》《召南》，其犹正墙面而立[2]也与？"**

字词注解

①《周南》《召南》：《诗经·国风》中的第一、二两部分篇名。②正墙面而立：面向墙壁站立着。

孔子对伯鱼说："你学习《周南》《召南》了吗？一个人如果不学习《周南》《召南》，那就像面对墙壁而站着吧？"

原文

17.11　**子曰："礼云礼云，玉帛云乎哉？乐云乐云，钟鼓云乎哉？"**

孔子说："礼呀礼呀，难道只是说的玉帛之类的礼器吗？乐呀乐呀，难道只是说的钟鼓之类的乐器吗？"

原文

17.12　**子曰："色厉而内荏[1]，譬诸小人，其犹穿窬[2]之盗也与？"**

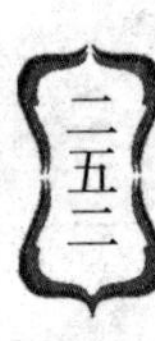

字词注解

①色厉而内荏：厉，威严。荏，怯弱。外表严厉而内心怯弱。②窬：音yú，洞。

诠译

孔子说："外表严厉而内心怯弱的人，如果以小人作比喻，就犹如挖墙洞的小偷吧？"

17.13 **子曰："乡原，德之贼也。"**

诠译

孔子说："没有道德修养的伪君子，就是破坏道德的人。"

17.14 **子曰："道听而涂说，德之弃也。"**

诠译

孔子说："在路上听到传言就处处散播，这是道德所摒弃的。"

17.15　**子曰：“鄙夫可与事君也与哉？其未得之也，患得之。既得之，患失之。苟患失之，无所不至矣。”**

诠译

孔子说：“怎么可以和品德低劣的人一起侍奉君主呢？他在没有得到官位时，总担心得不到。已经得到了，又怕失去它。如果他担心失掉官职，那他就什么事都干得出来了。”

17.16　**子曰：“古者民有三疾，今也或是之亡也。古之狂[①]也肆[②]，今之狂也荡[③]；古之矜也廉[④]，今之矜也忿戾[⑤]；古之愚也直，今之愚也诈而已矣。”**

字词注解

①狂：狂妄自大，愿望太高。②肆：放肆，不拘礼节。③荡：放荡，不守礼。④廉：不可触犯。⑤戾：火气太大，蛮横不讲理。

诠译

孔子说：“古代的民众有三种毛病，现在恐怕没有那样子的毛病了。古代的狂人不过是理想太高，而现在的狂人却是放荡无据；古代矜持的人不过是难以亲近，现在那些矜持的人却是凶恶野蛮；古代愚笨的人不过是直率一些，现在愚笨的人却是欺诈啊！”

17.17 子曰：**“巧言令色，鲜矣仁!”**

诠译

孔子说：“花言巧语，一副讨好人的脸色，这样的人是很少有仁德的!”

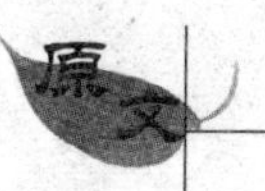

17.18 子曰：**“恶紫之夺朱也，恶郑声之乱雅乐也，恶利口之覆邦家者。”**

诠译

孔子说：“我厌恶用紫色取代红色，厌恶用郑国的声乐扰乱雅乐，厌恶用巧嘴俐舌而颠覆国家这样的事情。”

17.19 子曰：**“予欲无言。”子贡曰：“子如不言，则小子何述焉?”子曰：“天何言哉？四时行焉，百物生焉，天何言哉?”**

诠译

孔子说：“我想不说话了。”子贡说：“您如果不说话，那么我们这些学生还传述什么呢?”孔子说：“天说了什么话呢？四季照常运行，百物照样生长。天说了什么话呢?”

17.20　孺悲[①]欲见孔子，孔子辞以疾。将命者出户，取瑟而歌，使之闻之。

字词注解

①孺悲：鲁国人，鲁哀公曾派他向孔子学礼。

诠译

孺悲想见孔子，孔子以有病为由推辞不见。传话的人刚出门，（孔子）便取来瑟边弹边唱，（有意）让孺悲听到。

17.21　宰我问："三年之丧，期已久矣。君子三年不为礼，礼必坏；三年不为乐，乐必崩。旧谷既没，新谷既升，钻燧改火[①]，期[②]可已矣。"子曰："食夫稻[③]，衣夫锦，于女安乎？"曰："安。""女安，则为之！夫君子之居丧，食旨[④]不甘，闻乐不乐，居处不安，故不为也。今女安，则为之！"宰我出。子曰："予之不仁也！子生三年，然后免于父母之怀。夫三年之丧，天下之通丧也。予也有三年之爱于其父母乎？"

字词注解

①钻燧改火：古人钻木取火，四季所用木头不同，每年轮一遍，叫改火。②期：音jī，一周年。③食夫稻：古代北方少种稻米，故大米很珍贵。这里是

说吃好的。④旨：甜美，指吃好的食物。

诠译

宰我问："服丧三年，时间太长了。君子三年不讲究礼仪，礼仪必然败坏；三年不演奏音乐，音乐就会荒废。旧谷吃完，新谷登场，钻燧取火的木头轮过了一遍，有一年的时间就可以了。"孔子说："（才一年的时间）你就吃起了好的，穿起了锦缎衣，你心安吗？"宰我说："我心安。"孔子说："你心安，你就那样去做吧！君子守丧，吃美味不觉得香甜，听音乐不觉得快乐，住在家里不觉得舒服，所以不那样做。如今你既觉得心安，你就那样去做吧！"宰我出去后，孔子说："宰予真是不仁啊！小孩生下来，到三岁时才能离开父母的怀抱。服丧三年，这是天下通行的丧礼。难道宰予对他的父母有三年的爱吗？"

17.22 子路曰："饱食终日，无所用心，难矣哉！不有博弈者乎？为之，犹贤乎已。"

诠译

孔子说："整天吃饱了饭，什么心思也不用，真太难了！不是还有玩博和下棋的游戏吗？做这些，也比闲着好。"

17.23 子路曰："君子尚勇乎？"子曰："君子义以为上，君子有勇而无义为乱，小人有勇而无义为盗。"

诠译

子路说："君子崇尚勇敢吗？"孔子答道："君子以义作为最高尚的品德，君子有勇无义就会作乱，小人有勇无义就会偷盗。"

原文

17.24 子贡曰："君子亦有恶[①]乎？"子曰："有恶。恶称人之恶者，恶居下流[②]而讪[③]上者，恶勇而无礼者，恶果敢而窒[④]者。"曰："赐也亦有恶乎？""恶徼[⑤]以为知[⑥]者，恶不孙[⑦]以为勇者，恶讦[⑧]以为直者。"

字词注解

①恶：音 wù，厌恶。②下流：下等的、在下的。③讪：shàn，诽谤。④窒：阻塞，不通事理，顽固不化。⑤徼：音 jiǎo，窃取、抄袭。⑥知：同"智"。⑦孙：同"逊"。⑧讦：音 jié，攻击、揭发别人。

诠译

子贡说："君子也有厌恶的事吗？"孔子说："有厌恶的事。厌恶宣扬别人坏处的人，厌恶身居下位而诽谤上位的人，厌恶勇敢而不懂礼节的人，厌恶固执而又不通事理的人。"孔子又说："赐，你也有厌恶的事吗？"子贡说："厌恶偷袭别人的成绩而作为自己成就的人，厌恶把不谦虚当作勇敢的人，厌恶揭发别人的隐私而自以为直率的人。"

17.25 子曰："唯女子与小人为难养也，近之则不孙，远之则怨。"

诠译

孔子说："只有女子和小人是难以教养的，亲近他们，他们就会无礼；疏远他们，他们就会抱怨。"

17.26 子曰："年四十而见恶焉，其终也已。"

诠译

孔子说："到了四十岁的时候还被人所厌恶，他这一生也就终结了。"

微子篇第十八

本篇简介

本篇共十一章，介绍了孔子的政治思想主张，孔子弟子与老农谈孔子，孔子关于塑造独立人格的思想等。

18.1 微子①去之，箕子②为之奴，比干③谏而死。孔子曰："殷有三仁焉。"

字词注解

①微子：殷纣王的同母兄长，见纣王无道，劝他不听，遂离开纣王。②箕子：箕，音jī。殷纣王的叔父。他去劝纣王，见王不听，便披发装疯，被降为奴隶。③比干：殷纣王的叔父，屡次强谏，激怒纣王而被杀。

诠译

微子离开了纣王，箕子成了他的奴隶，比干因进谏被杀死了。孔子说：“殷朝有这样三位仁人啊！”

18.2　**柳下惠为士师[①]，三黜[②]。人曰：“子未可以去乎？”曰：“直道而事人，焉往而不三黜？枉道而事人，何必去父母之邦？”**

字词注解

①士师：典狱官，掌管刑狱。②黜：罢免不用。

诠译

柳下惠做典狱官，被多次罢免。有人说：“您不可以离开鲁国吗？”柳下惠说：“按正道侍奉君主，在哪里不会被多次罢官呢？如果不按正道侍奉君主，为什么还要离开本国呢？”

18.3　**齐景公待孔子曰：“若季氏，则吾不能；以季、孟之间待之。”曰：“吾老矣，不能用也。”孔子行。**

诠译

齐景公讲到对待孔子的礼节时说：“像鲁君对待季氏那样对待孔子，我不

能做到；我用介于季氏和孟氏之间的待遇对待他。”后来又说：“我年龄已大，不能用他了。”于是孔子离开了齐国。

原文

18.4　齐人归[①]女乐，季桓子[②]受之，三日不朝，孔子行。

字词注解

①归：同“馈”，赠送。②季桓子：鲁国宰相季孙斯。

诠译

齐国人赠送了一些歌女给鲁国，季桓子接受了，三天没有上朝，于是孔子离开了鲁国。

原文

18.5　楚狂接舆[①]歌而过孔子曰：“凤兮凤兮！何德之衰？往者不可谏，来者犹可追。已而，已而！今之从政者殆而！”孔子下，欲与之言。趋而辟之，不得与之言。

字词注解

①楚狂接舆：一说楚国的狂人接孔子之车；一说楚国叫接舆的狂人。本书采用第二种说法。

诠译

楚国的狂人接舆边唱歌边从孔子的车旁经过，他唱道："凤凰啊！凤凰啊！你的德运怎么这么衰弱呢？过去的已经无可挽回，未来的还可以改正。算了吧！算了吧！今天的执政者危乎其危！"孔子下车，想同他谈谈。他却匆忙离开了，孔子没能和他交谈。

18.6　长沮、桀溺[1]耦而耕[2]，孔子过之，使子路问津[3]焉。长沮曰："夫执舆[4]者为谁？"子路曰："为孔丘。"曰："是鲁孔丘与？"曰："是也。"曰："是知津矣。"问于桀溺。桀溺曰："子为谁？"曰："为仲由。"曰："是鲁孔丘之徒与？"对曰："然。"曰："滔滔者天下皆是也，而谁以[5]易之？且而与其从辟[6]人之士也，岂若从辟世之士哉？"耰[7]而不辍。子路行以告。夫子怃然[8]曰："鸟兽不可与同群，吾非斯人之徒与而谁与？天下有道，丘不与易也。"

字词注解

①长沮、桀溺：两位隐士，真实姓名和身世不详。②耦而耕：两个人合力耕作。③问津：津，渡口。询问渡口。④执舆：即执辔。⑤以：与。⑥辟：同"避"。⑦耰：音 yōu，用土覆盖种子。⑧怃然：怅然，失意。

诠译

长沮、桀溺一块耕种，孔子（从这里）路过，让子路去询问渡口在哪里。长沮问子路："那个拿着缰绳的是

谁？”子路说：“是孔丘。”长沮说：“是鲁国的孔丘吗？”子路说：“是的。”长沮说：“那他早已知道渡口的位置了。”子路再去问桀溺。桀溺说：“你是谁？”子路说：“我是仲由。”桀溺说：“你是鲁国孔丘的门徒吗？”子路说：“是的。”桀溺说：“像洪水一般的坏东西到处可见，而谁能够改变它呢？而且你与其跟着躲避坏人的人，为什么不跟着我们这些躲避社会的人呢？”他一边说一边做田里的农活。子路回来后把情况报告给孔子。孔子很失望地说：“人是不能与飞禽走兽同处的，如果不同世上的人群打交道还与谁打交道呢？若是天下安宁，我就不会同你们一块儿来进行改革了。”

18.7　子路从而后，遇丈人，以杖荷蓧[1]。子路问曰：“子见夫子乎？”丈人曰：“四体不勤，五谷不分[2]，孰为夫子？”植其杖而芸。子路拱而立。止子路宿，杀鸡为黍[3]而食[4]之，见其二子焉。明日，子路行以告。子曰：“隐者也。”使子路反见之。至，则行矣。子路曰：“不仕无义。长幼之节，不可废也；君臣之义，如之何其废之？欲洁其身，而乱大伦。君子之仕也，行其义也。道之不行，已知之矣。”

字词注解

①蓧：音 diào，古代耘田所用的竹器。②四体不勤，五谷不分：一说这是丈人指自己。意为：我忙于播种五谷，没有闲暇，怎知你夫子是谁？另一说是丈人责备子路。说子路手脚不勤，五谷不分。多数人持第二种说法。我们以为，子路与丈人刚说了一句话，丈人并不知道子路是否真的四体不勤，五谷不分，没有可能说出这样的话。所以，我们同意第一种说法。③黍：音 shǔ，黏小米。④食：音 sì，

拿东西给人吃。

诠译

子路出行时落在孔子的后面，遇到一个老丈，用拐杖挑着除草的工具。子路问道："你看到我的老师了吗？"老丈说："我手脚不停地劳作，五谷还来不及播种，哪里顾得上你的老师是谁？"说完，便扶着拐杖去除草。子路拱着手恭敬地站在一旁。老丈留子路到他家住宿，杀了鸡，做了小米饭给他吃，还叫了他两个儿子出来。第二天，子路赶上孔子，把这件事向他做了报告。孔子说："此人是个隐士啊。"叫子路回去再看看他。子路到了那里，老丈已经不见了。子路说："不肯做官是不对的。长幼间的关系，不可以废弃；君臣间的关系，怎么能废弃呢？想要自身清白，却破坏了根本的君臣伦理关系。君子做官，只是为了实行君臣之义的。至于道的行不通，早就知道了。"

18.8　逸[1]民：伯夷、叔齐、虞仲、夷逸、朱张、柳下惠、少连[2]。子曰："不降其志，不辱其身，伯夷、叔齐与！"谓："柳下惠、少连，降志辱身矣，言中伦，行中虑，其斯而已矣。"谓："虞仲、夷逸，隐居放[3]言，身中清，废中权。我则异于是，无可无不可。"

字词注解

①逸：同"佚"，散失、遗弃。②虞仲、夷逸、朱张、少连：此四人身世无从考，从文中意思看，当是没落贵族。③放：放置，不再谈论世事。

诠译

古今被遗落的贤人有：伯夷、叔齐、虞仲、夷逸、朱张、柳下惠、少连。孔子说："不降低自己的志向，不辱没自己的身份，这是伯夷、叔齐吧！"又说："柳下惠、少连降低了自己的志向，辱没了自己的身份。但他们言语合乎法度，行为合乎思虑，他们不过如此罢了。"又说："虞仲、夷逸避世隐居，不谈世事，修身合乎清高，弃官合乎权变。我则跟这些人不同，没有什么是非这样不可的，也没有什么是非不这样不可的。"

原文

18.9　大师挚[1]适齐，亚饭干适楚，三饭缭适蔡，四饭缺适秦[2]，鼓方叔[3]入于河，播鼗[4]武入于汉，少师[5]阳、击磬襄[6]入于海。

字词注解

①大师挚：大，同"太"。太师是鲁国乐官之长。挚，是人名。②亚饭、三饭、四饭：都是乐官名。干、缭、缺是人名。③鼓方叔：击鼓的乐师名方叔。④鼗：音 táo，小鼓。⑤少师：乐官名，副乐师。⑥击磬襄：击磬的乐师，名襄。

诠译

太师挚到齐国去了，亚饭干到楚国去了，三饭缭到蔡国去了，四饭缺到秦国去了，打鼓的方叔到了黄河边，敲小鼓的武到了汉水边，少师阳和击磬的襄到了海滨。

18.10　**周公谓鲁公[1]曰："君子不施[2]其亲，不使大臣怨乎不以[3]。故旧无大故，则不弃也。无求备于一人。"**

字词注解

①鲁公：指周公的儿子伯禽，封于鲁。②施：同"弛"，怠慢、疏远。③以：用。

诠译

周公对鲁公说："君子不疏远他的亲属，不使大臣因为得不到任用而怨恨。旧友老臣没有大的过失，就不要抛弃他们。不要对一个人求全责备。"

18.11　**周有八士[1]：伯达、伯适、仲突、仲忽、叔夜、叔夏、季随、季騧。**

字词注解

①八士：本章中所说八士已不可考。

诠译

周代有八个士人：伯达、伯适、仲突、仲忽、叔夜、叔夏、季随、季騧。

子张篇第十九

本篇简介

本篇共二十五章，介绍了孔子学而不厌、不耻下问的精神，孔子对殷纣王的批评，孔子关于学与仕的关系的认识，君子与小人在有过失时的不同表现，孔子与其学生和他人之间的对话等。

19.1　子张曰："士见危致命，见得思义，祭思敬，丧思哀，其可已矣。"

诠译

子张说："士人遇见危险时能献出自己的生命，看见有利可得时能考虑是否符合义的要求，祭祀时能想到是否严肃恭敬，服丧的时候想到自己是否哀伤，这样就可以了。"

19.2　子张曰："执德不弘，信道不笃，焉能为有？焉能为亡？"

诠译

子张说："实行德而不能发扬光大，信仰道而不忠实坚定，这样的人怎么能说他有？又怎么能说他没有？"

19.3　子夏之门人问交于子张。子张曰："子夏云何？"对曰："子夏曰：'可者与之，其不可者拒之。'"子张曰："异乎吾所闻。君子尊贤而容众，嘉善而矜不能。我之大贤与，于人何所不容？我之不贤与，人将拒我，如之何其拒人也？"

诠译

子夏的学生向子张询问怎样结交朋友。子张说："子夏是怎么说的？"学生答道："子夏说：'可以相交的就和他交朋友，不可以相交的就拒绝他。'"子张说："和我所听到的不一样。君子既尊重贤人也包容众人，既能够赞美善人也能同情能力不够的人。若我是贤能的人，那我对别人有什么不能容纳的呢？若我不贤能，那人家就会拒绝我，怎么还能拒绝人家呢？"

19.4　子夏曰："虽小道[①]，必有可观者焉，致远恐泥[②]，是以君子不为也。"

字词注解

①小道：指农工商医卜之类的技能。②泥：阻滞、不通、妨碍。

诠译

子夏说："即使一些小的技艺，也一定有可取的地方，但恐惧妨碍远大目标的实现，所以君子不从事这些小技艺。"

原文

19.5　子夏曰："日知其所亡，月无忘其所能，可谓好学也已矣。"

诠译

子夏说："每天学到一些过去所不知道的东西，每月都不忘记已经学会的东西，这就是所谓的好学了。"

原文

19.6　子夏曰："博学而笃志[①]，切问[②]而近思，仁在其中矣。"

字词注解

①笃志：志，意为"识"，此为强记之义。②切问：问与切身有关的问题。

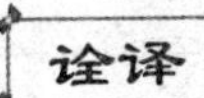

子夏说："博览群书而记得牢固，就与切身有关的问题提出疑问并且去思考，仁就蕴含在其中了。"

19.7　子夏曰："百工居肆[①]以成其事，君子学以致其道。"

字词注解

①百工居肆：百工，各行各业的工匠。肆，古代社会制作物品的作坊。

诠译

子夏说："各行各业的工匠住在作坊里来完成自己的工作，君子通过学习来掌握道。"

19.8　子夏说："小人之过也必文。"

诠译

子夏说："小人犯了过错一定要掩饰。"

19.9　子夏曰："君子有三变：望之俨然，即之也温，听其言也厉。"

诠译

子夏说："君子有三变：远望他，庄严可畏；靠近他，温和可亲；听他的话语，严厉不苟。"

19.10　子夏曰："君子信而后劳其民；未信，则以为厉己也。信而后谏；未信，则以为谤己也。"

诠译

子夏说："君子必须取得信任之后才去役使百姓；若还没有取得信任，百姓就会以为是在虐待他们。要先取得君主信任，然后才去规劝；未取得信任就这样做，君主会以为是诽谤他。"

19.11　子夏曰："大德[①]不逾闲[②]，小德[③]出入可也。"

字词注解

①大德：指纲常伦理方面的节操。②闲：木栏，这里指界限。③小德：日常的生活作风。

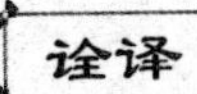

子夏说："大节上不能超越界限，小节上有些出入是可以的。"

19.12　子游曰："子夏之门人小子，当洒扫应对进退，则可矣，抑[①]末也。本之则无，如之何？"子夏闻之，曰："噫！言游过矣！君子之道，孰先传焉？孰后倦[②]焉？譬诸草木，区以别矣。君子之道，焉可诬[③]也？有始有卒者，其惟圣人乎！"

字词注解

①抑：但是，不过。转折的意思。②倦：诲人不倦。③诬：欺骗。

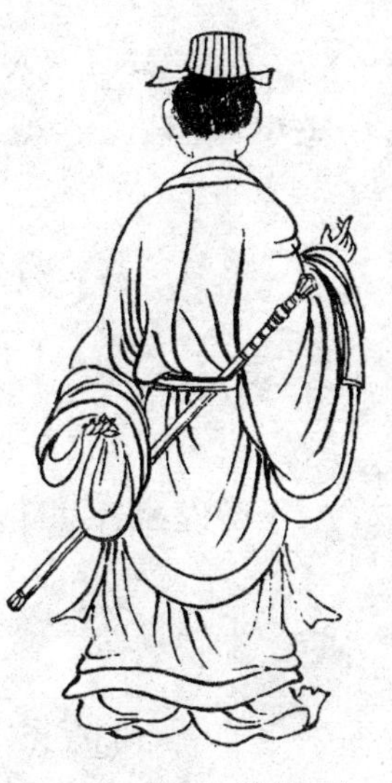

诠译

子游说："子夏的门下，做些打扫和迎送客人的事情是可以的，但这些不过是末节小事。根本的东西却丢失了，这怎么行呢？"子夏听了，说："唉！子游错了！君子之道哪里是先传授哪一条？后传授哪一条？犹如草和木一样，是加以区别的。君子之道怎么可以随意歪曲，欺骗学生呢？能有始有终教授学生的，恐怕只有圣人吧！"

19.13　子夏曰："仕而优[①]则学，学而优则仕。"

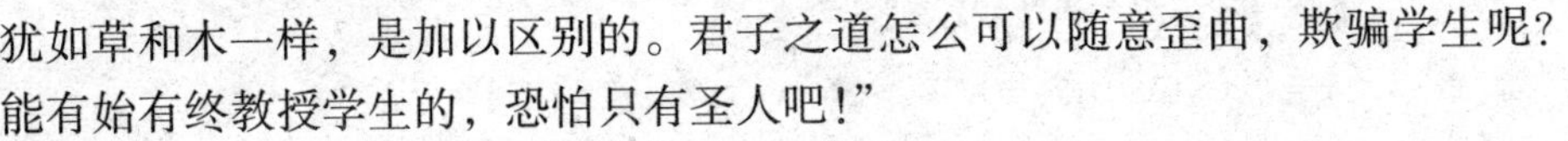

字词注解

①优：有余力。

诠译

子夏说："做官还有余力的人就可以去学习，学习有余力的人就可以去做官。"

原文

19.14　子游曰："丧致[1]乎哀而止。"

字词注解

①致：极致、竭尽。

诠译

子游说："丧事做到尽哀也就可以了。"

原文

19.15　子游曰："吾友张也为难能也，然而未仁。"

诠译

子游说："我的朋友子张真是难能可贵的了，然而还没有能做到仁。"

19.16 曾子曰：“堂堂乎张也，难于并为仁矣。”

诠译

曾子说：“子张仪表堂堂，难于和他一起做到仁啊。”

19.17 曾子曰：“吾闻诸夫子：人未有自致者也，必也亲丧乎！”

诠译

曾子说：“我听老师说过：人不可能自动地充分发挥感情，如果有，一定是在父母死亡的时候！”

19.18 曾子曰：“吾闻诸夫子：孟庄子[①]之孝也，其他可能也，其不改父之臣与父之政，是难能也。”

字词注解

①孟庄子：鲁国大夫仲孙速。

诠译

曾子说："我听老师说过：孟庄子的孝，其他方面有人可以做到，但他不更换父亲的旧臣及政治措施，这是别人难以做到的。"

19.19　孟氏使阳肤[①]为士师，问于曾子。曾子曰："上失其道，民散久矣。如得其情，则哀矜[②]而勿喜！"

字词注解

①阳肤：曾子的学生。②矜：怜悯。

诠译

孟氏任命阳肤做典狱官，阳肤向曾子请教。曾子说："在上位的人偏离了正道，百姓早就离心离德了。你如果能审清犯罪实情，就应当怜悯他们，而不要自鸣得意！"

19.20　子贡曰："纣[①]之不善，不如是之甚也。是以君子恶居下流[②]，天下之恶皆归焉。"

字词注解

①纣：商代最后一个君主，名辛，"纣"是他的谥号。②下流：即地形低洼各处来水汇集的地方，比喻坏名声归集的地方。

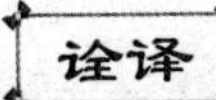

子贡说：“纣王的不善，不像传说的那样厉害。所以君子厌恶处在下流的地方，以致天下一切坏名声都归到他的身上。”

19.21　子贡曰：“君子之过也，如日月之食焉。过也，人皆见之；更也，人皆仰之。”

诠译

子贡说：“君子的过错，就好比日食月食。犯错的时候，人们都看得见；改正过错的时候，人们都仰望他。”

19.22　卫公孙朝[①]问于子贡曰：“仲尼[②]焉学？”子贡曰：“文武之道，未坠于地，在人。贤者识其大者，不贤者识其小者。莫不有文武之道焉。夫子焉不学？而亦何常师之有？”

字词注解

①卫公孙朝：卫国的大夫公孙朝。②仲尼：孔子的字。

诠译

卫国的公孙朝问子贡说：“仲尼是从哪儿学的知识呢？”子贡说：“周文王、武王的道，并没有失传，还留在人们中间。贤能的人能够学到它的精华，

不贤的人只了解它的末节。没有什么地方不存在文王、武王之道。我们老师何处不能学？又何必要有固定的老师传播呢？”

19.23　**叔孙武叔[①]语大夫于朝曰：“子贡贤于仲尼。”子服景伯[②]以告子贡。子贡曰：“譬之宫墙[③]，赐之墙也及肩，窥见室家之好。夫子之墙数仞[④]，不得其门而入，不见宗庙之美，百官[⑤]之富。得其门者或寡矣。夫子之云，不亦宜乎！”**

字词注解

①叔孙武叔：鲁国大夫，名州仇。②子服景伯：鲁国大夫。③宫墙：宫也是墙。这里是说围墙。④仞：音 rèn，古时七尺为仞，一说八尺为仞，一说五尺六寸为仞。⑤官：这里指房舍。

诠译

叔孙武叔在朝廷上对大夫们说：“子贡比仲尼更贤能。”子服景伯就告诉了子贡这些话。子贡说：“拿围墙来作比喻，我家的围墙只有齐肩高，可以直接看见房屋的美好。老师家的围墙却有几仞高，如果找不到门进去，你就看不见里面宗庙的华丽和尊贵。能够找到门进去的人并不多。叔孙武叔那么讲，不也是应该的吗！”

19.24　**叔孙武叔毁仲尼。子贡曰：“无以[①]为也！仲尼不可毁也。他人之贤者，丘陵也，犹可逾也。仲尼，日月也，无得而逾焉。人虽欲自绝，其何伤于日月乎？多[②]见其不知量也[③]。”**

字词注解

①以：此也，这里作副词用。②多：副词，只是的意思。③不知量也：皇侃《义疏》解此句为“不知圣人之度量”，译文从朱熹《集注》。也，用法同“耳”。

诠译

叔孙武叔毁谤仲尼。子贡道：“不要这样做！仲尼是毁谤不了的。别的贤者，好比山丘，还可以超越过去。仲尼，简直是太阳和月亮，不可能超越他。纵是有人要自绝于太阳月亮，那对太阳月亮有什么损害呢？只是表示他不自量力罢了。”

原文

19.25 **陈子禽谓子贡曰：“子为恭也，仲尼岂贤于子乎？”子贡曰：“君子一言以为知，一言以为不知，言不可不慎也。夫子之不可及也，犹天之不可阶而升也。夫子之得邦家者，所谓立之斯立，道之斯行，绥之斯来，动之斯和。其生也荣，其死也哀，如之何其可及也？”**

诠译

陈子禽对子贡说：“你是谦恭了，仲尼怎么能比你更贤良呢？”子贡说：“君子的一句话就可以表现他的才智，一句话也可以表现他的不智，所以说话不可以不慎重。夫子的高不可及，正像天是不能够顺着梯子爬上去一样。夫子如果得国而为诸侯或得到采邑而为卿大夫，那就会像我们说的那样，教百姓立于礼，百姓就会立于礼；要引导百姓，百姓就会跟着走；安抚百姓，百姓就会归顺；动员百姓，百姓就会齐心协力。（夫子）活着是十分荣耀的，（夫子）死了是令人哀痛的，我怎么能比得上他呢？”

尧曰篇第二十

本篇简介

本篇共三章，段落都比较长。儒家学说是研究格物致知、正心诚意、修身、齐家、治国、平天下的学说，简略一些说，儒家是有关修、齐、治、平的学说。前面《学而篇第一》到《子张篇第十九》侧重的是修身齐家，以修身为主。本篇三章侧重治国平天下，以治国为主，本篇首章又是一章文字整饬严谨的治国方略。万川归海，修身是为了齐家，齐家是为了治国，治国是为了平天下。治国平天下是孔子的终极目标，也是编纂者的编纂意图，所以本篇三章全关乎治国之方略，第一章古贤先圣治国之方略，第二章孔子谈治国之方略，第三章既是对本篇内容的概括，也是对全书的总结。

20.1　尧[①]曰：“咨[②]！尔舜！天之历数在尔躬，允[③]执其中。四海困穷，天禄永终。”舜亦以命禹。曰：“予小子履[④]敢用玄牡[⑤]，敢昭告于皇皇后帝：有罪不敢赦。帝臣不蔽，简[⑥]在帝心。朕[⑦]躬有罪，无以万方。万方有罪，罪在朕躬。”周有大赉[⑧]，善人是富。“虽有周亲[⑨]，不如仁人。百姓有过，在予一人。”谨权量[⑩]，审法度[⑪]，修废官，四方之政行焉。兴灭国，继绝世，举逸民，天下之民归心焉。所重：民、食、丧、祭。宽则得众，信则民任焉，敏则有功，公则说。

字词注解

①尧：上古时期部落联盟首领。②咨：即“啧”，感叹词，表示赞誉。③允：真诚，诚信。④履：这是商汤的名字。⑤玄牡：玄，黑色谓玄。牡，公牛。⑥简：阅，这里是知道的意思。⑦朕：我。从秦始皇起，专用作帝王自称。⑧赉：音 lài，赏赐，这里指封诸侯。⑨周亲：至亲。⑩权量：权，秤，指量轻重的标准。量，斗斛，指量容积的标准。⑪法度：指量长度的标准。

诠译

尧说：“唉！舜！根据帝王传承的顺序，上天决定的帝位已经落在你的身上了。诚实地坚守那些正确的道理吧！如果天下百姓都隐于困苦和贫穷，上天赏赐你的禄位也就会停止了。”舜也同样告诫过禹。商汤说：“我小子履谨用黑色的公牛来祭祀，向伟大的天帝祷告：有罪的人我不敢擅自赦免。天帝的臣仆我也不敢掩蔽，因为天帝的心里有一个自己的标准。如果我有罪，不要牵连天下万方。天下万方如果有什么罪过，就让我一个人来承担。”周朝大封诸侯，使善人都富贵起来。（周武王）说：“我虽然有至亲，但却不如有仁德之人。如果百姓有过错，都要归咎于我一个人。”认真检查审定度量衡器，修复废弃不全的官职，全国的政令就会通行了。恢复被灭亡了的国家，接续已经断绝了的家族，提拔被遗落的人才，老百姓就会心甘情愿归附了。要重视：民众、粮食、丧礼、祭祀。宽厚就能得到众人的拥护，诚信就能得到民众的任用，勤敏就能取得成绩，公平就会让民众高兴。

20.2　子张问孔子曰："何如斯可以从政矣?"子曰："尊五美，屏四恶，斯可以从政矣。"子张曰："何谓五美?"子曰："君子惠而不费，劳而不怨，欲而不贪，泰而不骄，威而不猛。"子张曰："何谓惠而不费?"子曰："因民之所利而利之，斯不亦惠而不费乎？择可劳而劳之，又谁怨？欲仁而得仁，又焉贪？君子无众寡，无小大，无敢慢，斯不亦泰而不骄乎？君子正其衣冠，尊其瞻视，俨然人望而畏之，斯不亦威而不猛乎?"子张曰："何谓四恶?"子曰："不教而杀谓之虐；不戒视成谓之暴；慢令致期谓之贼；犹之与人也，出纳之吝谓之有司。"

诠译

子张问孔子说："要想治理好政事应该如何做呢?"孔子说："尊重五种美德，摒弃四种恶政，这样就可以治理政事了。"子张问："什么是五种美德呢?"孔子说："君子要恩惠于百姓而不花费自己丝毫，使百姓劳作而不使他们怨恨，要追求仁德而不贪图财利，庄重而不傲慢自大，威严而不凶猛。"子张说："什么是恩惠于百姓而自己却不花费丝毫呢?"孔子说："让百姓们去做对他们有利的事，这不就是对百姓有利而不必花费自己的吗？选择可以让百姓劳作的时间让百姓去做，谁又会怨恨呢？自己要追求仁德得到了仁，还会贪念什么呢？君子对人，无论多少，势力大小，都不怠慢他们，这不就是庄重而不傲慢吗？君子衣冠整齐，目光端正，使人望而生畏，

这不也是威严而不凶猛吗？”子张问：“什么是四种恶政呢？”孔子说：“还没有进行教育便加以杀戮，这叫虐；还没有劝告便要求成功，这叫暴；下达可缓慢执行的命令，后突然限期，这叫贼；同样是给人财物，拿出手时很吝啬，这叫小气。”

20.3 **孔子曰：“不知命，无以为君子也。不知礼，无以立也。不知信，无以知人也。”**

诠译

孔子说：“不懂得天命，就不能成为君子。不知晓礼仪，就不能立身处世。不知道分辨是非，就不能真正了解人的好坏。”

附录一：《论语》

概述

《论语》是儒家学派的经典著作之一，由孔子的弟子及其再传弟子编纂而成。它以语录体和对话文体为主，记录了孔子及其弟子的言行，集中体现了孔子的政治主张、伦理思想、道德观念、教育原则等。与《大学》《中庸》《孟子》《诗经》《尚书》《礼记》《易经》《春秋》并称“四书五经”。通行本《论语》共二十篇。

《论语》首创语录体。汉语文章的典范性也发源于此。儒家创始人孔子的政治思想核心是“仁”“礼”和“中庸”。

《论语》的语言简洁精练，含义深刻，其中有许多言论至今仍被世人视为至理。

《论语》以记言为主，“论”是论纂的意思，“语”是话语，经典语句、箴言，“论语”即是论纂（先师孔子的）语言。《论语》成于众手，记述者有孔子的弟子，孔子的再传弟子，也有孔门弟子以外的人，但以孔门弟子为主。一句话，《论语》是记录孔子和他的弟子言行的书。

作为一部优秀的语录体散文集，它以言简意赅、含蓄隽永的语言，记述了孔子的言行。《论语》中所记孔子循循善诱的教诲之言，或简单应答，点到即止，或启发论辩，侃侃而谈，富于变化，娓娓动人。

《论语》善于通过神情语态的描写，展示人物形象。孔子是《论语》描述的中心，“夫子风采，溢于格言”（《文心雕龙·征圣》）。书中不仅有关于他的仪态、举止的静态描写，也有关于他的个性、气质的传神刻画。此外，围绕孔子这一中心，《论语》还成功地刻画了一些孔门弟子的形象。如子路的率直鲁莽，颜回的温雅贤良，子贡的聪颖善辩，曾皙的潇洒脱俗等，都称得上个性鲜明，能给人留下深刻印象。孔子因材施教，对于不同的对象，考虑其不同的素质、优缺点、进德修业的具体情况，给予不同的教诲，表现了诲

人不倦的可贵精神。据《颜渊》载，同是弟子问仁，孔子有不同的回答，答颜渊“克己复礼为仁”，答仲弓“己所不欲，勿施于人”，答司马牛“仁者其言也讱”。颜渊学养高深，故答以“仁”学纲领，对仲弓和司马牛则答以细目。又如，同是问“闻斯行诸?”孔子答子路：“有父兄在，如之何其闻斯行之!”因为“由也兼人，故退之”。答冉有：“闻斯行之。”因为“求也退，故进之”。这不仅是因材施教教育方法的问题，其中还饱含孔子对弟子的高度的责任心。

《论语》因秦始皇焚书坑儒，到西汉时期仅有口头传授及从孔子住宅夹壁中所得的本子，计有：鲁人口头传授的《鲁论语》20篇，齐人口头传授的《齐论语》22篇，从孔子住宅夹壁中发现的《古论语》21篇。西汉末年，帝师张禹精治《论语》，并根据《鲁论语》，参照《齐论语》，另成一论，称为《张侯论》。此本成为当时的权威读本，据《汉书·张禹传》记载：“诸儒为之语曰：‘欲为《论》，念张文。’由是学者多从张氏，余家寝微。”东汉末年，郑玄以《张侯论》为依据，参考《齐论语》《古论语》，作《论语注》，是为今本《论语》。《齐论语》《古论语》不久亡佚。现存《论语》20篇，492章，其中记录孔子与弟子及时人谈论之语约444章，记孔门弟子相互谈论之语约48章。

五四运动以后，《论语》作为封建文化的象征被列为批判否定的对象，而后虽有新儒学的研究与萌生，但在中国民主革命的大背景下，儒家文化在中国并未形成新的气候。

然而，严峻的事实是，一个新型的社会，特别是当它步入正常发展轨道的时候，不能不对自己的民族精神及传统文化进行反思，这是任何一个社会在其自身发展过程中所不能忽视的重要环节。特别是民族文化的精粹，更值得人们认识和探索。这使人想到人类的共性与个性，文化的共性与个性，民族文化的辩证否定本性。同时，

也使人感到毛泽东“古为今用，洋为中用”思想的价值所在。

事实上，当我们摆脱了形而上学的思维方式，真正确立唯物辩证的思维方式，并用它剖析中国传统文化的时候，就会发现其中的精华，《论语》便是其中之一。不可否认，《论语》有自己的糟粕或消极之处，但它所反映出来的两千多年前的社会人生精论，富有哲理的名句箴言，是中华民族文明程度的历史展示。即使今天处在改革开放、经济腾飞、文化发展的时代大潮中，《论语》中的许多思想仍具有一定的借鉴意义和时代价值。

为人处世

《论语》作为一部涉及人类生活诸多方面的儒家经典著作，许多篇章谈到做人的问题，这对当代人具有借鉴意义。

其一，做人要正直磊落。孔子认为：“人之生也直，罔之生也幸而免。”（《雍也》）在孔子看来，一个人要正直，只有正直才能光明磊落。然而我们的生活中不正直的人也能生存，但那只是靠侥幸而避免了灾祸。按事物发展的逻辑推理，这种靠侥幸避免灾祸的人迟早要跌跟头。

其二，做人要重视“仁德”。这是孔子在做人上强调最多的。在孔子看来，仁德是做人的根本，是处于第一位的。子曰：“弟子入则孝，出则弟，谨而信，泛爱众而亲仁。行有余力，则以学文。”（《学而》）又曰：“人而不仁，如礼何？人而不仁，如乐何？”（《八佾》）这说明只有在仁德的基础上做学问、学礼乐才有意义。孔子还认为，只有仁德的人才能无私地对待别人，才能得到人们的称颂。子曰：“唯仁者能好人，能恶人。”（《里仁》）“齐景公有马千驷，死之日，民无德而称焉。伯夷、叔齐饿于首阳之下，民到于今称之。”（《季氏》）充分说明仁德的价值和力量。

那么怎样才能算仁呢？颜渊问仁，子曰：“克己复礼为仁。一日克己复礼，天下归仁焉。”（《颜渊》）也就是说，约束自己，让言行符合礼就是仁德了。有一天做到言行符合礼了，天下的人就会赞许你为仁人了。可见“仁”不是先天就有的，而是后天“修身”“克己”的结果。当然孔子还提出仁德的外在标准，这就是“刚、毅、木、讷近仁”（《子路》），即刚强、果断、质朴、语言谦虚的人接近于仁德。同时他还提出实践仁德的五项标准，也就是“恭、宽、信、敏、惠”（《阳货》），即恭谨、宽厚、诚信、勤敏、慈惠。

他说，对人恭谨就不会招致侮辱，待人宽厚就会得到大家拥护，交往诚信别人就会信任，做事勤敏就会取得成功，给人慈惠就能够很好使唤民众。孔子说能实行这五种美德者，就可算是仁了。

当然，在孔子看来要想完全达到仁是极不容易的。所以他教人追求仁德的方法，即“君子博学于文，约之以礼，亦可以弗畔矣夫”（《雍也》），意思是说君子广泛地学习文化典籍，用礼约束自己的行为，这样就可以不背离正道了。同时也要重视向仁德的人学习，用仁德的人来帮助自己培养仁德。而仁德的人应该是自己站得住，也使别人站得住，自己希望达到也帮助别人达到，凡事能推己及人的人。即“己欲立而立人，己欲达而达人。能近取譬，可谓仁之方也已。”（《雍也》）

其三，做人要重视修养的全面发展。曾子曰：“吾日三省吾身：为人谋而不忠乎？与朋友交而不信乎？传不习乎？”（《学而》）意思是说我每天都要再三反省自己：帮助别人办事是否尽心竭力了呢？与朋友交往是否讲信用了？老师传授的学业是否温习了呢？强调从自身出发修养品德的重要性。在此基础上，孔子强调做人还要重视全面发展。子曰：“志于道，据于德，依于仁，游于艺。”（《述而》）意思是说志向在于道，根据在于德，凭籍在于仁，活动在于六艺（礼、乐、射、御、书、数），只有这样才能真正地做人。那么孔子为什么强调做人要全面发展呢？这里体现了孔子对人的社会性的认识，以及个人修养的相互作用。子曰：“兴于诗，立于礼，成于乐。”（《泰伯》）即诗歌可以振奋人的精神，礼节可以坚定人的情操，音乐可以促进人们事业的成功。所以，对于个人修养来说，全面发展显得极为重要。

君子之道

《论语》许多篇幅谈及君子，但这里的君子是一个广义概念，重在强调一种人格的追求，教人做一个不同于平凡的人。为实现这一目的，《论语》提出了君子的言行标准及道德修养要求。

其一，君子不器。孔子认为作为君子必须具备多种才能，不能只像器具一样，而应“君子义以为质，礼以行之，孙以出之，信以成之。君子哉！”（《卫灵公》）也就是说，君子应以道义作为做人行事的根本，按礼仪来实行它，用谦逊的语言来表达它，用忠诚的态度来完成它，否则就谈不上君子。

其二，君子要重视自我修养。孔子曰："富与贵，是人之所欲也；不以其道得之，不处也。贫与贱，是人之所恶也；不以其道得之，不去也。君子去仁，恶乎成名？君子无终食之间违仁，造次必于是，颠沛必于是。"（《里仁》）在孔子看来，作为君子就必须重视仁德修养，不论在任何条件下，都不能离开仁德。同时曾子认为，君子重视仁德修养还必须注意三个方面的规范：一是"动容貌，斯远暴慢矣"；二是"正颜色，斯近信矣"；三是"出辞气，斯远鄙倍矣"（《泰伯》）。也就是说，君子要严肃自己的容貌，端正自己的脸色，注意自己的言辞。只有这样才能使人对你尊敬，信任，温和。同时，孔子还认为"君子泰而不骄"（《子路》）、"君子矜而不争，群而不党"（《卫灵公》）、"君子病无能焉，不病人亡不己知也""君子疾没世而名不称焉""君子求诸己，小人求诸人"（《卫灵公》），即作为君子应心境安宁而不傲慢，态度庄重而不与人争吵，能合群而不结党营私；君子要重视提高自己，在有生之年对社会多做贡献。只有这样才能称得上君子的修养。

其三，君子要处处严格要求自己。孔子认为，君子除了自我修养，还要重视用"戒、畏、思"几项标准严格要求自己。孔子曰："君子有三戒：少之时，血气未定，戒之在色；及其壮也，血气方刚，戒之在斗；及其老也，血气既衰，戒之在得。""君子有三畏：畏天命，畏大人，畏圣人之言。""君子有九思：视思明，听思聪，色思温，貌思恭，言思忠，事思敬，疑思问，忿思难，见得思义。"（《季氏》）这些思想从不同角度提出了对君子的要求，概括起来有三点：一是要随时注意戒除个人的欲念；二是处事中要有敬畏之心，防止肆无忌惮；三是要严谨，随时严格要求自己。

其四，君子要重义避利，追求道义。孔子认为，君子和小人之间的差别还在于具有不同的生活态度和不同的人生追求。他认为，"君子喻于义，小人喻于利"（《里仁》）、"君子谋道不谋食""君子忧道不忧贫"（《卫灵公》）、"君子怀德，小人怀土；君子怀刑，小人怀惠"（《里仁》）。也就是说，作为君子只有重视道义，追求道义，才能与小人区别，才能真正体现君子的精神。同时，孔子还认为，君子必须言行一致，表里如一，即"君子欲讷于言而敏于行"（《里仁》）、"先行其言而后从之"（《为政》）。

其五，君子不党。子曰："君子矜而不争，群而不党。"孔子认为，君子之间的交往还应该做到"周而不比"；《论语·为政》："子曰：'君子周而不比，小人比而不周。'"同时还要"和而不同"；《论语·子路》："君子和而不同，小人同而不和。"不是简单的相加，而是一种和谐的共生关系。

关于学习

《论语》中关于学习的思想在古今中外的教育史上具有重要的地位，值得今人借鉴。这些思想概括起来主要有以下几点。

其一，关于学习的态度。孔子认为，追求学问第一在于爱学、乐学，这是关键。孔子曰："知之者不如好之者，好之者不如乐之者。"（《雍也》）即真正爱好它的人，为它而快乐的人才能真正学好它。孔子赞扬颜渊就有这种发愤好学的乐观精神，"一箪食，一瓢饮，在陋巷，人不堪其忧，回也不改其乐"（《雍也》）。第二，要"默而识之，学而不厌"（《述而》），即学习要有踏踏实实的精神，默默地记住学到的知识，努力学习而不满足。第三，要专心致志，知难而进。孔子曰："士志于道，而耻恶衣恶食者，未足与议也。"（《里仁》）读书的人要立志于追求道义、真理，要专心致志，不要为世俗所累。同时，他还认为追求学问是一个艰难的过程，要敢于知难而进，"力不足者，中道而废，今女画"（《雍也》）。针对冉求在学习问题上认为自己能力不够的思想，孔子认为所谓能力不够的人，是走在中途就停止下来的，你现在以能力不够划地自限，实际上是没有坚持到底的缘故。在这里孔子勉励冉求要知难而进，只有这样才能得道。事实上孔子自己就是"发愤忘食，乐以忘忧，不知老之将至"（《述而》）的人。第四，要虚心求教，不耻下问。孔子曰："三人行，必有我师焉。择其善者而从之，其不善者而改之。"（《述而》）这说明学无常师，作为人应随时随地注意向他人学习，取人之长，补己之短。同时，孔子提倡和赞扬"敏而好学，不耻下问"的学习精神，"见贤思齐焉，见不贤而内自省也"（《里仁》），体现了孔子严谨的治学态度。

其二，关于学习的方法。孔子在和弟子的交谈中多处提及学习方法问题，最著名的莫过于"学而时习之，不亦说乎"（《学而》）、"温故而知新，可以为师矣"（《为政》）。与此同时，孔子还特别强调学思结合，勇于实践。子曰："学而不思则罔，思而不学则殆。"（《为政》）只读书而不思考就会感到迷惑，只是空想而不读书就会精神疲殆。要求人们把学习积累和钻研思考相结合，不能偏废。另外，孔子还非常重视精益求精，"如切如磋，如琢如磨"，反对一知半解，浅尝辄止。

其三，关于学习的内容。孔子主张学习要博，要广，不能偏颇、单一。

他提出要用四种东西作为自己的学习纲要，这就是“文，行，忠，信”（《述而》），即文化知识，品德修养，忠诚笃厚，坚守信约。这四项内容对于自己和别人都具有重要意义。孔子在重视博学的同时，也强调学习要抓根本的东西，孔子曰：“赐也，女以予为多学而识之者与?”对曰：“然，非与?”曰：“非也，予一以贯之。”（《卫灵公》）这里孔子在回答子贡的问题时，说明自己的“多学”是相对的，在多学的基础上，我是用一个道理来贯穿自己的学说的，这个道理就是学习的根本，学习重在抓住根本。这里孔子间接地说明了博与精的关系，值得借鉴。

其四，关于学习的目的。孔子认为，学习必须有明确的目的，但重点在于“学以致用”。子曰：“诵《诗》三百，授之以政，不达；使于四方，不能专对；虽多，亦奚以为?”（《子张》）也就是说，熟读《诗经》三百篇，交给他政治任务，却办不成；派他出使到外国，又不能独立作主应对；这样，虽然书读得很多，又有什么用处呢？又说：“德之不修，学之不讲，闻义不能徙，不善不能改，是吾忧也。”（《述而》）也就是说，品德不去修养，学问不去讲习，听到正义的事不能去做，有错误不能改正，也就是理论和实践不能结合，这才是我们忧虑的。由此可见，读书的目的，不在于死记书本，而在于应用，在于实践，在于“举一反三”地灵活运用知识。关于这一思想，在孔子的学生子夏的思想中也表现出来。子夏曰：“仕而优则学，学而优则仕。”（《子张》）也就是说当官时有余力就应该学习，学习之余还有余力就可以做官。这一思想实质上也体现了学与用的关系，要想当好官必须学习，学习的目的应是更好地当官，体现了学习与应用的关系，也体现了孔子办私学的目的，即通过教育培养德才兼备的人才，让他们直接登上政治舞台或作教师培养政治人才，当然在孔子看来，学习的目的也在于对道义、真理的追求，“士志于道”“朝闻道，夕死可矣”。（《里仁》）

关于教育

孔子作为我国古代著名的教育家，一生从事教育工作，教出了许多有才干的学生，在教育实践中取得了丰富经验，《论语》一书对此有较多的概括。

其一，关于教育的指导思想。孔子主张“有教无类”，（《卫灵公》）即受教育者不应分贵贱、贤愚，应该机会均等。这一思想打破了教育的阶级界限，扩大了教育对象，使教育扩及广大平民，这在当时无疑具有重大的进步意义。

其二，关于教育的基本方法。孔子主张“因材施教”，子曰：“中人以上，可以语上也；中人以下，不可以语上也。”（《雍也》）也就是说对于中等才智以上的人，可以和他谈论高深的道理；对于中等才智以下的人，不可以和他谈论高深的道理。为贯彻这一思想，孔子很注意对自己学生的观察了解，诸如“由也果”“赐也达”“求也艺”，（《雍也》）在此基础上采取不同的教育方法，比如冉求办事畏怯，所以要鼓励他；子路胆大过人，自以为是，所以要故意抑制他，即“求也退，故进之；由也兼人，故退之”。（《先进》）孔子还重视诱导式的启发教育，不要求学生死读书，而贵在触类旁通，即所谓“告诸往而知来者”。（《学而》）子夏谈《诗》“巧笑倩兮，美目盼兮，素以为绚兮”，从而体会到“礼”应该以忠信仁义为本的道理，因此孔子称赞他道：“起予者商也！始可与言《诗》已矣。”（《八佾》）能启发我的人是子夏啊！现在我可以与你谈论《诗》了。颜渊听老师讲学后“亦足以发”（《为政》），子贡也说他“闻一以知十”，（《公冶长》）所以孔子特别称赞颜渊的聪明好学。这正是启发诱导式教育的必然结果。孔子特别强调“不愤不启，不悱不发。举一隅不以三隅反，则不复也”，（《述而》）即不到他苦苦思索而想不通时，我不去启发他，不到他想讲而讲不明白时，我不去开导他。例举一个道理而他不能类推出三个道理，我就不再教诲他了。孔子还强调在实行启发诱导的基础上，必须注意循序渐进，即“夫子循循然善诱人，博我以文，约我以礼，欲罢不能。既竭吾才，如有所立卓尔。虽欲从之，末由也已。”（《子罕》）这种使学生竭力钻研，“欲罢不能”的情状，正是对循循善诱启发教育的写照，在我国教育史上具有重要地位。

其三，关于教育的基本内容。孔子长期从事教育工作，教育的内容十分

广泛，但他所用的教材多是沿用周代贵族学校所用的六艺，即《诗》《书》《礼》《乐》《易》《春秋》。“子所雅言，《诗》《书》执礼。”（《述而》）“兴于诗，立于礼，成于乐。”（《泰伯》）“不学诗，无以言。”“不学礼，无以立。”（《季氏》）由此可见，孔子是以《诗》《书》《礼》《乐》为普通教材教育学生的。至于《易》《春秋》只是在孔子的晚年才进行研究并付诸教学的，所以孔子说“五十以学《易》”。（《述而》）也可能因为《易》《春秋》是比较精深的学科，只有少数高材生才能学习，所以说“身通六艺者七十有二”（《孔子世家》）。那么，在这些教学内容中孔子最为重视的是什么呢？从《论语》的许多话语中可以看出，《诗》《礼》是孔子教学的主要课程。子曰：“不学诗，无以言。”（《季氏》）“诵《诗》三百，授之以政。”（《子路》）“《诗》三百，一言以蔽之，曰‘思无邪’。”（《为政》）又曰：“夏礼，吾能言之，杞不足征也；殷礼，吾能言之，宋不足征也。文献不足故也。足，则吾能征之矣。”（《八佾》）“殷因于夏礼，所损益，可知也；周因于殷礼，所损益，可知也。”（《为政》）这些思想说明，孔子不仅重视《诗》《礼》的教育，而且重视这些内容的总结、挖掘与研究，它对中国古代教育内容的丰富和完善起到了重要的促进作用。

其四，关于教育的培养目标。在孔子看来，进行教育的目的除了用仁义礼净化人们的灵魂，协调人们的社会行为之外，其重要目的在于培养具有仁义之心的“士”“君子”，以为当时的社会服务，这就是他著名的“学而优则仕”（《子张》）思想。正因如此，当季康子问他的弟子仲由、子贡、冉求能否“从政”的时候，孔子满口答应可以“从政”。（《雍也》）事实上，在孔子七十有二的得意门生中，从政者为数不少，孔子自身也不反对参政。这说明孔子的教育思想及培养目标与当时的社会需要是相统一的，体现了教育的社会价值。当然，孔子的教育思想不可避免地体现着阶级属性，但作为社会的人，孔子在当时历史条件下所倡导的许多思想，是中华民族传统美德不可或缺的组成部分，本身具有符合人类共性的成分，应予以辩证地分析和扬弃。

关于务政

《论语》中关于务政的思想是“学以致用”，《论语》中对务政的标准也作了具体说明。

其一，关于务政的对象。孔子认为只要懂礼、有道、正直，并具备一定的务政才能的人就可以务政。季康子问："仲由可使从政也与?"孔子曰："由也果，于从政乎何有?"问："赐也可使从政也与?"曰："赐也达，于从政乎何有?"问："求也可使从政也与?"曰："求也艺，于从政乎何有?"《雍也》也就是说，只要人具备一定的务政素质，诸如果断、达理、多艺就可以务政。

其二，关于务政的基本要求和标准。从政者必须勤勉忠诚。孔子曰："居之无倦，行之以忠。"（《颜渊》）"先之劳之""无倦"（《子路》），也就是说在位不松弛懈怠，执行政令要忠心，要带头、勤勉，办事不要松懈。从政者必须温良恭俭让。子禽问于子贡曰："夫子至于是邦也，必闻其政。求之与？抑与之与?"子贡曰："夫子温、良、恭、俭、让以得之。"（《学而》）也就是说孔子来到一国就一定会知道这里的政事，就是因为孔子有温和、善良、恭敬、节俭、谦让五种美德。而这五种美德也间接地说明参与国政的标准。子谓子产："有君子之道四焉：其行己也恭，其事上也敬，其养民也惠，其使民也义。"（《公冶长》）正是由于子产的这种庄重、恭敬、恩惠、道义和美德，才能使他处于郑国的贤相位置。

其三，要言行一致，举止端庄。孔子曰："言忠信，行笃敬，虽蛮貊之邦，行矣。言不忠信，行不笃敬，虽州里，行乎哉？立则见其参于前也，在舆则见其倚于衡也，夫然后行。"（《卫灵公》）也就是说要想使自己的思想主张被他人接受，必须心意诚恳，行为端庄，这样你的主张就可以行得通了。

其四，要眼光远大，依次而进。子夏当了莒父的县长，向孔子请教怎样理政。孔子说："无欲速，无见小利。欲速则不达，见小利则大事不成。"（《子路》）即要求人们处理政务不要图快，不要贪图眼前利益。图快反而不能达到预期目的，贪图小利反而办不成大事。而应眼光放远，依次而进。另外，孔子还认为在处理政务时应当慎重，要深入实际，多听多见，了解实情，以免犯错误，即"多闻阙疑，慎言其余，则寡尤；多见阙殆，慎行其余，则寡悔。言寡尤，行寡悔，禄在其中矣"。（《为政》）

治国安邦

孔子作为中国古代伟大的思想家，其有关治国的道理在《论语》中也有重要的体现。概括起来主要包含以下几方面。

其一，治国的根本在于人伦纲常。齐景公问孔子怎样治国，孔子说："君君，臣臣，父父，子子。"（《颜渊》）即要治理好国家，君主必须像个君主，臣子必须像个臣子，父亲要像个父亲，儿子要像个儿子。这一思想反映了孔子的宗法伦理观念，在封建社会的历史条件下，这种伦理纲常确实起到了治理国家的重要作用。事实上，在阶级社会里，不论处于什么时代都需要各在其位，各司其职。否则国将不国，政将不政，社会将混乱不堪。那么孔子为什么强调以"人伦纲常"治国呢？孔子回答子路的问题时做了说明。子路曰："卫君待子而为政，子将奚先？"子曰："必也正名乎！""名不正，则言不顺；言不顺，则事不成。"（《子路》）当然孔子也认为，重视伦理纲常的作用也不能脱离礼让。子曰："能以礼让为国乎？何有？不能以礼让为国，如礼何？"（《里仁》）即用礼让的精神治理国家，国家就不会有什么问题，人伦纲常的礼才能得以保证。在这里礼让成为维系人伦纲常的精神纽带。

其二，治国的前提在于君子要严于律己。子曰："苟正其身矣，于从政乎何有？不能正其身，如正人何？"（《子路》）即君主要治理好国家，必须端正自己本身，严于要求自己。如果己正，治理国政就不会有什么困难，如果自己不端正，随心所欲，为所欲为，就不可能去端正别人，其国家也无法治理。孔子还以舜为例说明君主严于律己的重要性。孔子曰："无为而治者其舜也与？夫何为哉？恭己正南面而已矣。"（《卫灵公》）在孔子看来，真正能从容安静使天下太平的人大概只有舜吧？那么他做了些什么呢？也不过是庄严端正地坐在朝廷上罢了。这里舜的庄严端正行为正是他实现太平世道的关键所在。

当然，孔子还认为君主治国除了行为端庄之外，还应重视才智、礼仪、仁德等方面，这些都是治国不可偏废的条件。子曰："知及之，仁不能守之，虽得之，必失之。知及之，仁能守之，不庄以涖之，则民不敬。知及之，仁能守之，庄以涖之，动之不以礼，未善也。"（《卫灵公》）即靠聪明取得了地位，不能用仁德去保持它，虽然得到了地位，也一定会失去的。靠聪明取得地位，能用仁德保持它，假若不用严肃的态度来治理百姓，那么百姓就不会尊敬他。靠聪明取得地位，能用仁德保护它，能用严肃的态度治理百

姓，而不用礼义教化百姓，那也算不得完善。可见治理好国家对君主的要求应是全方位多方面的。另外，孔子还总结了历代圣明君主治国的道理，重在宽厚、诚信、勤敏、公允，即“所重：民、食、丧、祭。宽则得众，信则民任焉，敏则有功，公则说”。（《尧曰》）

其三，治国的基本方法，“选才、富国、育人、立法”。孔子认为君主管理国家大事，要处处从大局着眼，重视选拔优秀人才。孔子曰：“先有司，赦小过，举贤才。”（《子路》）同时要重视富国，教育民众。子适卫，冉有仆。子曰：“庶矣哉！”冉有曰：“既庶矣，又何加焉？”曰：“富之。”曰：“既富矣，又何加焉？”曰：“教之。”（《子路》）这里孔子强调在卫国这样一个众多人口的国家，要治理好它，首先要让他们富起来，然后使他们再受教育，提高他们的素质。另外，孔子也特别重视法制对国家的治理作用。颜渊问为邦。子曰：“行夏之时，乘殷之辂，服周之冕，乐则《韶》《舞》。放郑声，远佞人。郑声淫，佞人殆。”（《卫灵公》）借鉴夏、商、周三代的古德，取其精华，舍其糟粕。在这里孔子不仅强调了法制对治国的重要作用，而且他的古为今用的思想方法也值得今人学习。

其四，治国的基本原则，讲究信用，爱护百姓。孔子认为治理好国家，君主一定要重视人品、道德，要讲究信用，爱护民众，这是治国的基本原则。子曰：“道千乘之国，敬事而信，节用而爱人，使民以时。”（《学而》）即治理一个拥有千辆兵车的国家，要认真对待政事，并讲究信用，取信于民。同时还要节省俭用，爱护百姓，役使百姓要不违背农时。只有这样才能处理好君主与百姓的关系。

总之，《论语》从多种角度反映了孔子的思想特征，在学习研究《论语》的过程中，很有必要把《论语》的思想体系化、科学化，更好地理解《论语》的思想精神。要做到“古为今用”，就要研究《论语》思想的时代价值，为我国现代化建设服务。事实上，作为两千多年前的著名思想家、教育家，孔子和我们今人有许多共同之处，其中的许多思想堪为当代人的精神楷模。这说明古代的思想与我们今天的思想非常接近。当然孔子是人不是神，也有自己的历史局限性，这是不可否认的客观事实。但是，研究孔子重在吸收孔子的思想精华，而不是简单地全盘否定或全盘肯定。

附录二：孔子

孔子的身世

孔子（公元前551—前479年），名丘，字仲尼，鲁国人，中国春秋末期伟大的思想家和教育家，儒家学派的创始人。孔子生于鲁襄公二十二年（公元前551年），死于鲁哀公十六年（公元前479年），终年七十三岁。

孔子的远祖是宋国贵族，殷王室的后裔，孔子自己也说“而丘也，殷人也”（《礼记·檀弓上》），就是表明他是殷商的苗裔。周武王灭殷后，封殷宗室微子启于宋。由微子启经微仲衍、宋公稽、丁公申，四传至湣公共。湣公共长子弗父何让国于其弟鲋祀，弗父何为卿。孔子先祖遂由诸侯家转为公卿之家。弗父何之曾孙正考父，连续辅佐宋戴公、武公、宣公，久为上卿，以谦恭著称于世。孔子六祖孔父嘉继任宋大司马。按周礼制，大夫不得祖诸侯，“五世亲尽，别为公侯”，故其后代以孔为氏。后宋太宰华父督作乱，弑宋殇公，杀孔父嘉。其后代避难奔鲁（孔氏为鲁国人自此始），卿位始失，下降为士。孔子曾祖父防叔曾任鲁防邑宰。祖父伯夏的事迹无考。父亲名纥，字叔，又称叔梁纥，为一名武士，以勇力著称。叔梁纥先娶施氏，无子，其妾生男，病足，复娶颜征在，生孔子。

孔子一生热衷于从事政治，有一腔报国热血，也有自己的政治见解，但最高统治者对于他始终是采取一种若即若离、敬而远之的态度。他真正参与政治的时间只有四年多，在这四年多的时间里，他干了不少事，职务提升也很快。但终究因为与当权者政见不同而分道扬镳了。此时他已五十多岁，迫于形势，他离开了鲁国，开始了被后人称之为周游列国的政治游说，十四年中，东奔西走，多次遇到危险，险些丧命。后虽被鲁国迎回，但鲁终不用孔子。

孔子自二十多岁起，就想走仕途，所以对天下大事非常关注，对治理国家的诸多问题，经常进行思考，也常发表一些见解，到三十岁时，已有些名

气。鲁昭公二十年，齐景公出访鲁国时召见了孔子，与他讨论了秦穆公称霸的问题，孔子由此结识了齐景公。鲁昭公二十五年，鲁国发生内乱，鲁昭公被迫逃往齐国，孔子也离开鲁国，到了齐国，孔子受到齐景公的赏识和厚待，齐景公甚至曾准备把尼溪一带的田地封给他，但被大夫晏婴阻止。鲁昭公二十七年，齐国的大夫想加害孔子，孔子听说后向齐景公求救，齐景公说："吾老矣，弗能用也。"孔子只好仓皇逃回鲁国。

当时的鲁国，政权实际掌握在大夫的家臣手中，被称为"陪臣执国政"，因此孔子虽有过两次从政机会，却都放弃了，直到鲁定公九年被任命为中都宰，此时孔子已五十一岁了。孔子治理中都一年，卓有政绩，被升为小司空，不久又升为大司寇，摄相事，鲁国大治。鲁定公十二年，孔子为削弱三桓（季孙氏、叔孙氏、孟孙氏三家世卿，因为是鲁桓公的三个孙子故称三桓，当时鲁国的政权实际掌握在他们手中，而三桓的一些家臣又在不同程度上控制着三桓），采取了堕三都的措施（即拆毁三桓所建城堡）。后来堕三都的行动半途而废，孔子与三桓的矛盾也随之暴露。鲁定公十三年，齐国送八十名女乐到鲁国，季桓氏接受了女乐，迷恋歌舞，多日不理朝政，孔子非常失望。不久鲁国举行郊祭，祭祀后按惯例送祭肉给大夫们时并没有送给孔子，这表明季氏不想再任用他了，孔子不得已离开了鲁国，到外国去寻找出路，开始了周游列国的旅程，这一年，孔子五十五岁。

孔子带弟子先到了卫国，卫灵公开始很尊重孔子，按照鲁国的俸禄标准发给孔子俸粟六万，但并没给他什么官职，也没让他参与政事。孔子在卫国住了约十个月，因有人在卫灵公面前进谗言，卫灵公对孔子起了疑心，派人公开监视孔子的行动，于是孔子带弟子离开卫国，打算去陈国。路过匡城时，因误会被人围困了五日，逃离匡城，到了蒲地，又碰上卫国贵族公叔氏发动叛乱，再次被围。逃脱后，孔子又返回了卫国，卫灵公听说孔子师徒从蒲地返回，非常高兴，亲自出城迎接。此后孔子几次离开卫国，又几次回到卫国，这一方面是由于卫灵公对孔子时好时坏，另一方面是孔子离开卫国后，没有去处，只好又返回卫国。

鲁哀公二年（孔子五十九岁），孔子离开卫国经曹国、宋国、郑国至陈国，在陈国住了三年，吴国攻打陈国，兵荒马乱，孔子便带弟子离开，楚国人听说孔子到了陈、蔡交界处，派人去迎接孔子。陈国、蔡国的大夫们知道孔子对他们的所作所为有意见，怕孔子到了楚国被重用，对他们不利，于是派服劳役的人将孔子师徒围困在半道。前不靠村，后不靠店，所带粮食吃完，

孔子师徒绝粮七日，最后还是子贡找到楚国，楚国派兵迎救孔子，孔子师徒才免于一死。孔子六十四岁时又回到卫国，六十八岁时在其弟子冉求的努力下，被迎回鲁国，但仍是被敬而不用。鲁哀公十六年，孔子七十三岁，患病，不愈而卒。

殷商是奴隶社会，《礼记·表记》说："殷人尚神。"这些都能从卜辞中得到证明。孔子也说："殷礼，吾能言之，宋不足征也。"（《八佾》）孔子所处的时代正是奴隶社会衰亡、新兴封建制逐渐兴起的交替时期。孔子本人，便看到这些迹象。譬如《微子篇》耦耕的长沮、桀溺，不但知道孔子，讥讽孔子，而且知道子路是"鲁孔丘之徒"。这种农民，有文化，通风气，有自己的思想，绝对不是农业奴隶。在孔子未出生前，鲁宣公十五年，即公元前594年，鲁国实行"初税亩"制。即依各人所拥有的田地亩数抽收赋税，这表明了承认土地私有的合法性。《诗经·小雅·北山》说："溥天之下，莫非王土。率土之滨，莫非王臣。"这是奴隶社会的情况。天下的土地全是天子的土地，天子再分封一些土地给他的宗族、亲戚、功臣和古代延续下来的旧国，或者成为国家，或者成为采邑。土地的收入，大部分为被封者所享有，一部分向天子纳贡。土地的所有权，在天子权力强大时，还是为天子所有，他可以收回，可以另行给予别人。这种情况固然在封建社会完全确立以后还曾出现——如汉代初年——然而实质上却有不同。在汉代以后，基本上已经消灭了农业奴隶，而且土地可以自由买卖。而在奴隶社会，从事农业的基本上是奴隶，土地既然是"王土"，当然不得自由买卖。鲁国的"初税亩"，至少打破了"莫非王土"的传统，承认土地为某一宗族所有，甚至为某一个人所有。《春秋左传》和其他春秋史料，虽然不曾明显地记载土地自由买卖的情况，但出现了多种情况。已经有自耕农，长沮、桀溺便是。《左传》记载着鲁襄公二十七年（孔子出生后五年或六年），申鲜虞"仆赁于野"，这就是说产生了雇农。《左传》昭公二十五年说鲁国的季氏"隐民多取食焉"，隐民就是游民。游民必然是自由身份，才能向各大氏族投靠。春秋时，商业很发达，商人有时也参与政治。《左传》僖公三十三年记载着郑国商人弦高的事。他偶然碰着秦国来侵的军队，便假借郑国国君名义去犒劳秦军，

示意郑国早有准备。昭公十六年，郑国当政者子产宁肯得罪晋国执政大臣韩起，也不肯向无名小商人施加压力逼他出卖玉环。到春秋晚期，孔子学生子贡一面做官，一面做买卖。越国的大功臣范蠡帮助越王勾践灭亡吴国后，便抛弃官位而去做商人，大发其财。这些现象应该能说明两点：一是社会购买力已有一定发展，而购买力的发展是伴随生产力，尤其农业生产力的发展而来的。没有土地所有制的改革，农业生产力是不会有较快较大发展的。于是乎又可以说明，田地可以自由买卖了，兼并现象也发生了。不仅雇农和游民大量出现，而且商人也可以经营皮毛、玉、贝等货物，经营田地和农产品，等等。

至于"率土之滨，莫非王臣"这一传统，更容易地被打破了。周天子自平王东迁以后，天子仅仅享有虚名，一般士大夫，不仅不是"王臣"，而且各有其主。春秋初期，齐国内乱，便有公子纠和公子小白争夺齐国君位之战。管仲和召忽本是公子纠之臣，鲍叔牙则是公子小白（齐桓公）之臣。公子小白得胜，召忽因之而死，管仲转而辅佐齐桓公。晋献公死后，荀息是忠于献公遗嘱拥护奚齐的，但另外很多人，却分别是公子重耳（晋文公）、公子夷吾（晋惠公）之臣。有的甚至由本国出去做别国的官，《左传》襄公二十六年便述说若干楚国人才为晋国所用的事情。即以孔子而言，也从来不曾做过"王臣"。他从很卑微的小吏，如"委吏"（仓库管理员）、"乘田"（主持畜牧者——俱见《孟子·万章下》），进而受到鲁国权臣季氏的赏识，才进入"大夫"的行列。鲁国不用他，他又臣仕于自己讥评为"无道"的卫灵公。甚至晋国范氏、中行氏的党羽佛肸盘踞中牟（在今河北邢台和邯郸之间），来叫孔子去，孔子也打算去。（《阳货》）这些事例说明所谓"莫非王土""莫非王臣"的传统观念早已随着时间的流逝，形势的变迁，被人轻视，甚至完全抛弃了。

孔子所处的社会，是动荡的社会；所处的时代，是变革的时代。公元前546年，即孔子出生后五六年，晋、楚两大国在宋国召开了弭兵会盟。自此以后，诸侯国间的兼并战争少了，而各国内部，尤其是大国内部，权臣间或者强大氏族间的你吞我杀，却多起来了。鲁国呢，三大氏族（季氏、孟氏、叔孙氏）互相兼并现象不严重，但和鲁国公室的冲突日益扩大。甚至迫使鲁昭公寄居齐国和晋国，最后死在晋国边邑干侯，鲁哀公出亡在越国。

这种动荡和变革，是由奴隶社会崩溃而逐渐转化为封建社会引起的。根据《左传》记载，在孔子出生前十年或十一年，即鲁襄公十年，鲁国三大家

族便曾“三分公室而各有其一”。这就是把鲁君的“三郊三遂”（《尚书·费誓》）的军赋所出的土地人口瓜分为三，三家各有其一，而且把私家军队也并入，各帅一军。但三家所采取的军赋办法不同。季氏采取封建社会的办法，所分得的人口全部解放为自由民。孟氏采取半封建半奴隶的办法，年轻力壮的仍旧是奴隶。叔孙氏则依旧全用奴隶制。过了二十五年，又把公室再瓜分一次，分为四份，季氏得一半，孟氏和叔孙氏各得四分之一，都废除奴隶制。这正是孔子所耳闻目见的国家的大变化。在这种变革动荡的时代中，自然有许多人提出不同主张。当时虽然还谈不上“百家争鸣”，但主张不同则是自然的。孔子想作为救世者，也有他的主张。他把和自己意见不同的主张称为“异端”。还说：“攻乎异端，斯害也已。”（《为政》）

孔子的志向很大，要做到“老者安之，朋友信之，少者怀之”。（《公治长》）可在鲁国行不通，到齐国也碰壁，到陈、蔡等小国，更不必说了。在卫国，孔子被卫灵公供养，住了较长时间，晚年终于回到鲁国。孔子大半辈子精力用于教育和整理古代文献。他对后代的最大贡献也就在这里。

孔子思想体系探源

从有关孔子的历史资料中选择那些最为可信的，来论定孔子的阶级地位、经历、学术以及所受的影响等，就可以确定孔子的思想体系形成的渊源。

首先，孔子尽管是殷商的苗裔，然而早已从贵族下降到一般平民。他自己说：“吾少也贱。”足以说明他的身世。他父亲，《史记》称做叔梁纥，这是字和名的合称，春秋以前有这种称法，字在前，名在后。“叔梁”是字，“纥”是名。《左传》将他称做郰人纥（襄公十年），这是官和名的合称。春秋时代一些国家，习惯把一些地方长官叫“人”，孔子的父亲曾经做过郰地的宰（即长官），所以叫他做郰人纥。郰人纥在孔子出生后不久就去世了，只留得孔子的寡母存在。相传寡母名征在。寡母抚养孔子，孔子也得赡养寡母，因之，他不能不干些杂活。他自己说：“吾少也贱，故多能鄙事。”（《子罕》）鄙事就是杂活。委吏、乘田或许还是高级的“鄙事”。由此可以说，孔子的祖先出身贵族，到他自己，相隔太久了，已经失去了贵族的地位。他做委吏也好，做乘田也好，干其他“鄙事”也好，必有一些共事的同伴。那些人自然都贫贱。难道自少小和他共事的贫贱者，不给孔子一点点影响么？

孔子能够完全摆脱那些人的影响么？这是不可能的。

其次，孔子是鲁国人。在孔子未出生前，鲁国政权就已在季、孟、叔孙三家之手，而季氏权势最大。以季氏而论，似乎有些自相矛盾的做法。当奴隶制度衰落时，他分得“公室”三分之一，便采用封建的军赋制度；到昭公五年，再“四分公室”，其他二家都学习他的榜样，全都采用封建军赋制度。这是他的进步处。但鲁昭公自二十五年出外居于齐国，到三十二年死在干侯，鲁国几乎七年没有国君，国内照常安定自不必说，因为政权早已不在鲁昭公手里。但季氏却一点也没有夺取君位的意图，季孙意如还曾想把鲁昭公迎接回国；鲁昭公死了，又立昭公之弟为定公。这不能说是倒退的，也不能说是奇怪的，这自然有它的缘由。第一，正是这个时候，齐国的陈氏（《史记》作田氏）有夺取姜齐政权的趋向，鲁昭公三年晏婴曾经向晋国的叔向作了这种预言，叔向也向晏婴透露了他对晋国公室削弱卑微的看法。然而，当时还没有一个国家由权臣取代君位的，季氏还没有胆量开这一先例。何况鲁国是弱小国家，如果季氏这么做，齐、秦、晋、楚这些强大之国，能不以此为借口而攻伐季氏么？第二，鲁国是为西周奴隶社会制作礼乐典章法度的周公旦的后代的国家，当时还有人说：“周礼尽在鲁矣。”（《左传》昭公二年）还说：鲁“犹秉周礼”。（《左传》闵公元年）周礼的内容究竟怎样，现在流传的周礼不足为凭。但周公姬制作它，其本意在于巩固奴隶主阶级的统治，是可以肯定的。这种传统在鲁国还有不小力量，季氏也就难以取鲁君之位而代之了。孔子对于季氏对待昭公和哀公的态度，是耳闻目见的，却不曾有一言半语的评论，是孔子没有评论呢？还是没有传下来呢？弄不清楚。可这里说明一点，即孔子作为一个鲁国人，他的思想也不能不受鲁国的特定环境即鲁国当时的国情影响。当时的鲁国，正处于新、旧交替之中，既有改革，而改革又不彻底，这种情况，也反映在孔子的思想上。

再次，孔子说自己“信而好古”。（《述而》）他的学生子贡说他老师“夫子焉不学？而亦何常师之有？”（《子张》）孔子自己又说：“三人行，必有我师焉。择其善者而从之，其不善者而改之。”（《述而》）可见孔子的学习，不但读书，而且还在于观察别人，尤其在“每事问”（《八佾》），即以古代文献而论，孔子是非常认真看待的。他能讲夏代的礼，也能讲述殷代的礼，却因为缺乏文献，无法证实，以至于感叹言之。（《八佾》）那么，他爱护古代文献和书籍的心情可想而知。由《论语》一书来考察，他整理过《诗经》的《雅》和《颂》（《子罕》），命令儿子学诗学礼。（《季氏》）自己又

说："五十以学《易》。"（《述而》）《易》本来是用来占筮的书，而孔子不用来占筮，却当作人生哲理书读，因此才说："五十以学《易》，可以无大过矣。"他引用《易》"不恒其德，或承之羞"二句，结论是"不占而已矣"。（《子路》）他征引过《尚书》。他也从许多早已亡佚的古书中学习很多东西。举一个例子，他的思想核心是仁。他曾为仁作一定义"克己复礼"。（《颜渊》）然而这不是孔子自己创造的，根据《左传》昭公十二年孔子自己的话，在古代一种"志"书中，早有"克己复礼，仁也"的话。那么，孔子答颜回"克己复礼为仁"，不过是孔子的"古为今用"罢了。孔子对他儿子伯鱼说："不学礼，无以立。"（《季氏》）这本是孟僖子的话，见于《左传》昭公七年。孟僖子说这话时，孔子还不过十七八岁，自然又是孔子借用孟僖子的话。足见孔子读了许多当时存在的书，吸取了他认为可用的东西，加以利用。古代书籍和古人对孔子都有不小影响。

最次，古人，尤其春秋时人，有各种政治家、思想家，自然有进步的，有改良主义的，也有保守和倒退的。孔子对他们都很熟知，有的作好评，有的作恶评，有的不加评论。由这些地方，可以看出孔子对他们的看法和取舍，反过来也可从中看出他们对孔子的影响。子产是一位唯物主义者，又是郑国最有名、最有政绩的政治家和外交家。孔子对他极为赞扬。郑国有个"乡校"，平日一般士大夫聚集在那里议论朝廷政治，于是有人主张毁掉它。子产不肯，并且说："其所善者，吾则行之；其所恶者，吾则改之，是吾师也，若之何毁之？"这时孔子至多十一岁，而后来孔子评论说："以是观之，人谓子产不仁，吾不信也。"（《左传》襄公三十一年）孔子以"仁"来赞扬子产的极有限的民主作风，足见他对待当时政治的态度。他讥评鲁国早年的执政臧文仲"三不仁""三不知（智）"。其中有压抑贤良展禽（柳下惠）一事（《左传》文公二年），而又赞许公叔文子大力提拔大夫僎升居卿位。用人唯贤，不准许压抑贤良，这也是孔子品评人物标准之一。又譬如晋国有位叔向（羊舌肸），当时贤良之士都表扬他，喜爱他。他也和吴季札、齐晏婴、郑子产友好，孔子对他没有什么议论，可能因为他政治态度过于保守吧。春秋时代二三百年，著名而有影响的人物不少，他们的言行，或多或少地影响孔子。这自是孔子思想体系渊源之一。

以上几点说明，孔子的思想渊源是复杂的，所受的影响是多方面的。因此，研究孔子，不应当只抓住某一方面，片面地加以夸大，肯定一切或否定一切。

孔子对天、命、鬼神与卜筮的认识

孔子是殷商苗裔，又是鲁国人，这两个国家比其他各国更为迷信。以宋国而论，宇宙有陨星，这是自然现象，也是常见之事，宋襄公是个图霸之君，却还向周内史过问吉凶，使得内史过不敢不诡辞答复。宋景公逝世，有两个养子，宋昭公——养子之一，名“得”，《史记》作“特”——因为做了个好梦，就自信能继承君位。这表示宋国极为迷信，认为天象或梦境预示着未来的吉凶。至于鲁国也一样，穆姜搬家，先要用《周易》占筮（《左传》襄公九年）；叔孙穆子刚出生，也用《周易》卜筮（《左传》昭公五年）；成季尚未出生，鲁桓公就既用龟甲卜，又用蓍草筮（《左传》闵公二年），而且听信多年以前的童谣，用这童谣来断定鲁国政治前途。这类事情，在今天看来，都很荒谬。其他各国也无不信天、信命、信鬼神。这是奴隶社会以及封建社会的必然现象，唯有真正有勇气的的唯物主义者，才不如此。以周太史过而论，他认为“陨星”是“阴阳”之事，而“吉凶由人”，因为不敢得罪宋襄公，才以自己观察所得假“陨星”以答。以子产而论，能说“天道远，人道迩，非所及也”（《左传》昭公十八年），却对伯有做为鬼魂出现这种谣传和惊乱，不敢作勇敢的否定，恐怕一则不愿得罪晋国执政大臣赵景子，二则也不敢过于作违俗之论吧！

孔子是不迷信的。事实上只有庄子懂得孔子，庄子说：“六合之外，圣人存而不论。”（《庄子·齐物论篇》）庄子所说的“圣人”无疑是孔子，由下文“春秋经世先王之志，圣人议而不辩”可以肯定。“天”“命”“鬼神”都是“六合之外，圣人存而不论”的东西。所谓“存而不论”，用现代话说，就是保留它而不置可否，不论其有或无，实际上也就是不大相信有。

孔子为什么没有迷信思想，这和他严谨的治学态度很有关系。他说过，“多闻阙疑”“多见阙殆”。（《为政》）还说：“学而不思则罔，思而不学则殆。”（《为政》）足见他主张多闻、多见和学思结合。“思”什么呢？其中至少包括思考某事某物的道理。虽然当时绝大多数人相信卜筮，相信鬼神，孔子却想不出它们存在的道理。所以他不讲“怪、力、乱、神”。（《述而》）“力”和“乱”可能是孔子不愿谈，但“怪”和“神”孔子根本是采取“阙疑”“存而不论”的态度。臧文仲相信占卜，畜养一个大乌龟，并且给它极为

华丽的地方住，孔子便批评他不聪明，或者说是愚蠢。（《公治长》）一个乌龟壳怎能预先知道一切事情呢？这是孔子所想不通的。由于孔子这种治学态度，所以他能够超出当时一般人，包括宋、鲁二国人之上。“知之为知之，不知为不知”（《为政》），不但于“六合之外”存而不论，即六合之内，也有存而不论的。

我们现在来谈谈孔子有关天、命、卜筮和鬼神的一些具体说法和看法。这里只用《论语》和《左传》的资料。其他古书的数据，很多是靠不住的，需要更多的审查和选择，不能轻易使用。

先讨论“天”。

在《论语》中，除复音词如“天下”“天子”“天道”之类外，单言“天”字的，一共十八次。在十八次中，除掉别人说的，孔子自己说了十二次半。在这十二次半中，“天”有三个意义：一是自然之天，一是主宰或命运之天，一是义理之天。自然之天仅出现三次，而且二句是重复句：

天何言哉？四时行焉，百物生焉，天何言哉？（《阳货》）

巍巍乎！唯天为大，唯尧则之。（《泰伯》）

义理之天，仅有一次：

获罪于天，无所祷也。（《八佾》）

命运之天或主宰之天就比较多，依出现先后次序录述如下：

予所否者，天厌之！天厌之！（《雍也》）

天生德于予，桓魋其如予何？（《述而》）

天之将丧斯文也，后死者不得与于斯文也。天之未丧斯文也，匡人其如予何？（《子罕》）

吾谁欺？欺天乎？（《子罕》）

不怨天，不尤人，下学而上达。知我者其天乎！（《宪问》）

另外一次是子夏说的。他说：“商闻之矣：死生有命，富贵在天。”（《颜渊》）但这话子夏是听别人说的。听谁说的呢？很大可能是听孔子说的，所以算它半次。

若从孔子讲“天”的具体语言环境来说，不过三四种。一种是发誓，“天厌之”就是当时赌咒的语言。一种是孔子处于困境或险境中，如在匡被围或者桓魋想谋害他，他无以自慰，只好听天。因为孔子很自负，不但自认有“德”，而且自认有“文”，所以把自己的生死都归之于天。一种是发怒，对子路的弄虚作假，违犯礼节大为不满，便骂“欺天乎”。在不得意而又被学生

引起牢骚时，只得说“知我者其天乎”。古人也说过，疾病则呼天，创痛则呼父母。孔子这样称天，并不一定认为天真是主宰，天真有意志，不过借天以自慰或发泄感情罢了。至于“获罪于天”的“天”，意思就是天理。

再讨论“命”，《论语》中孔子讲“命”五次半，讲“天命”三次。也罗列于下：

亡之，命矣夫！斯人也而有斯疾也！（《雍也》）

道之将行也与，命也；道之将废也与，命也。公伯寮其如命何！（《宪问》）

不知命，无以为君子也。（《尧也》）

关于“天命”的有下列一些语句：

五十而知天命。（《为政》）

君子有三畏：畏天命，……小人不知天命而不畏也。（《季氏》）

从文句表面看，孤立地看，似乎孔子是宿命论者，或者如《墨子·天志篇》所主张的一样是天志论者。其实不是这样，古代人之所以成为宿命论者或者天志论者，是因为他们对于自然以至社会现象不能很好理解的缘故。孔子于“六合之外，存而不论”，他认为对宇宙现象不可能有所知，因此也不谈，所以他讲“命”，都是关于人事。依一般人看，在社会上，应该有个“理”。无论各家各派的“理”怎样，各家各派自然认为他们的“理”是正确的，善的，美的。而且他们还认为依照他们的“理”而行，必然会得到“善报”；违背他们的“理”而行，必然会有“恶报”。然而世间事不完全或者大大地不如他们的意料，这就是常人所说善人得不到好报，恶人反而能够荣华富贵、长寿延绵。伯牛是好人，却害着治不好的病，在孔子所处的时代自然无所谓病理学和生理学，无以归之，只得归之于“命”。如果说，孔子是天志论者，认为天便是人间的主宰，自会“赏善而罚恶”，那伯牛有疾，孔子不会说“命矣夫”，而会怨天瞎了眼，怎么孔子自已又说“不怨天”呢？（《宪问》）如果孔子是天命论者，那一切早已由天安排妥当，什么都不必干，听其自然就可以了，孔子又何必凄凄惶惶“知其不可而为之”呢？人世间事，有必然，有偶然。越是文化落后的社会，偶然性越大越多，在人看来，不合“理”的事就越多。古人自然不懂得偶然性和必然性以及这两者的关系，由一般有知识者看来，上天似乎有意志，又似乎没有意志，这是谜，是个不可解的谜，孟子因之说：“莫之为而为者，天也；莫之致而至者，命也。”（《孟子·万章上》）这就是把一切偶然性，甚至某些必然性，都归之于“天”和

"命"。这就是孔、孟的天命观。

孔子是怀疑鬼神的存在的。他说："祭如在，祭神如神在。"（《八佾》）祭祖先（鬼）好像祖先真在那里，祭神好像神真在那里。所谓"如在""如神在"，实际上是说并不在。孔子病危，子路请求祈祷，并且征引古书作证，孔子就婉言拒绝。（《述而》）楚昭王病重，拒绝祭神，孔子赞美他"知大道"。（《左传》哀公六年）假使孔子真认为天地有神灵，祈祷能去灾得福，为什么拒绝祈祷呢？为什么赞美楚昭王"知大道"呢？子路曾问孔子如何服事鬼神。孔子答说："未能事人，焉能事鬼？"子路又问死是怎么回事。孔子答说："未知生，焉知死？"（《先进》）足见孔子只讲现实的事，不讲虚无渺茫的事。孔子说："君子于其所不知，盖阙如也。"（《子路》）孔子对死和鬼的问题，回避答复，也是这种表现。那么为什么孔子要讲究祭祀，讲孝道，讲三年之丧呢？说白了，这是孔子利用所谓古礼来为现实服务。殷人最重祭祀，最重鬼神。孔子虽然不大相信鬼神的存在，却不去公开否定它，而是利用它，用曾参的话说："慎终追远，民德归厚矣。"（《学而》）很显然，孔子的这些主张不过企图借此维持剥削者的统治而已。

至于卜筮，孔子曾经引《易经》"不恒其德，或承之羞"，结论是不必占卜了。这正如王充《论衡·卜筮篇》所说"枯骨死草，何能知吉凶乎"。（依刘盼遂《集解》本校正）

孔子的政治观与人生观

在春秋时期，除郑国子产等几位士卿有心救世以外，本人原在下层地位，而有心救世像战国时许多人物一般的，或许不见得没有，但却没有一人能和孔子相比，这从所有流传下来的历史数据可以肯定。在《论语》一书中反映孔子热心救世，碰到不少隐士泼凉水。除长沮、桀溺外，还有楚狂接舆（《微子》）、荷蓧丈人（《微子》）、石门司门者（《宪问》）和微生亩（《宪问》）等。孔子自己说："天下有道，丘不与易也。"（《微子》）石门司门者则评孔子为"知其不可而为之"。"知其不可而为之"可以说是"不识时务"，但也可以说是坚韧不拔。孔子的热心救世，当时未见成效，有客观原因，也有主观原因，这里不谈。但这种"席不暇暖"（韩愈《争臣论》）、"三月无君则吊"（《孟子·滕文公下》）的精神，不能不说是极难得的，也是可敬佩的。

孔子的时代，周王室已经无法恢复权力和威信，这是当时人都知道的，难道孔子不清楚？就是齐桓公、晋文公这样的霸主，也已经成为陈迹。中原各国，不是政权落于卿大夫，就是“陪臣执国命”。如晋国先有六卿相争，后来只剩四卿——韩、赵、魏和知伯。《左传》载最后知伯被灭，孔子早“寿终正寝”了。齐国陈恒杀了齐简公，这是孔子所亲见的。（《宪问》）在鲁国，情况更不好，“禄之去公室五世（宣、成、襄、昭、定五公）矣，政逮于大夫四世（季文子、武子、平子、桓子四代）矣，故夫三桓之子孙微矣”（《季氏》），而处于“陪臣执国命”（《季氏》）时代。在这种情况下，中原诸国，如卫、陈、蔡等国，国小力微，不能有所作为。秦国僻在西方，自秦穆公、康公以后已无力再过问中原的事。楚国又被吴国打得筋疲力尽，孔子仅仅到了楚国边境，和叶公相见。（《述而》《子路》）纵然有极少数小官，如仪封人之辈赞许孔子（《八佾》），但在二千多年以前，要对当时政治实行较大改变，没有适当力量的凭借是不可能做到的。孔子徒抱大志，感叹而死罢了。

孔子的政治思想，从《尧曰篇》可以看出。《尧曰篇》“谨权量，审法度”以下都是孔子的政治主张。然而度、量、衡的统一直到孔子死后二百五十八年，秦始皇二十六年统一中国后才实行。孔子又说，治理国家要重视三件事，粮食充足，军备无缺，百姓信任，而百姓信任是极为重要的。（《颜渊》）甚至批评晋文公伐原取信（见《左传》僖公二十六年）为“谲而不正”。（《宪问》）孔子主张“正名”（《子路》），正名就是“君君，臣臣，父父，子子”（《颜渊》）；而当时正是“君不君，臣不臣，父不父，子不子”。孔子的政绩表现于当时的，一是定公十年和齐景公在夹谷相会，在外交上取得重大胜利；一是子路毁坏季氏的费城，叔孙氏自己毁坏了他们的郈城，唯独孟氏不肯毁坏成城。（《左传》定公十二年）假使三家的老巢城池都被毁了，孔子继续在鲁国做官，他的“君君，臣臣”的主张有可能逐渐实现。但齐国的“女乐”送来，孔子只得离开鲁国了。（《微子》）孔子其他政治主张，仅仅托之空言。

孔子还说：“如有用我者，吾其为东周乎！”（《阳货》）孔子所谓的“东周”究竟是些什么内容，虽然难以完全考定，但从上文所述以及联系孔子其他言行考察，可以肯定绝不是把周公旦所制定的礼乐制度恢复原状。孔子知道时代不同，礼要有“损益”。（《为政》）他主张“行夏之时”（《卫灵公》），便是对周礼的改变。夏的历法是以立春之月为一年的第一月，周的历

法是以冬至之月为一年的第一月。夏历便于农业生产，周历不便于农业生产。从《左传》或者《诗经》看，尽管某些国家用周历，但民间仍用夏历。晋国上下也全用夏历。所谓周礼，在春秋以前，很被人重视。孔子不能抛弃这面旗帜，因为它有号召力，何况孔子本来景仰周公。周礼是上层建筑，在阶级社会，封建地主阶级无妨利用奴隶主阶级某些礼制加以改造，来巩固自己的统治。不能说孔子要“复礼”，要“为东周”，便是倒退。他在夹谷会上，不惜用武力对待齐景公的无礼，恐怕未必合乎周礼。由此看来，孔子的政治主张，尽管难免有些保守的地方，如“兴灭国，继绝世”（《尧曰》），但基本倾向是进步的、和时代的步伐合拍的。

至于他的人生观，更是积极的。他“发愤忘食，乐以忘忧，不知老之将至”（《述而》）。他能够过穷苦生活，而对于不义的富贵，视同浮云（《述而》）。这些地方还不失他原为平民的本色。

孔子的忠恕之道和仁道

春秋时代重视“礼”，“礼”包括礼仪、礼制、礼器等，却很少讲“仁”。统计一下《左传》中的“礼”字，一共讲了462次，另外还有“礼食”一次，“礼书”“礼经”各一次，“礼秩”一次，“礼义”三次。但讲“仁”不过33次，少于讲“礼”429次，并且把礼提到最高地位。《左传》昭公二十六年晏婴对齐景公说：“礼之可以为国也久矣，与天地并。”还有一个现象，《左传》没有“仁义”并言的。《论语》讲“礼”75次，包括“礼乐”并言的；讲“仁”却109次。由此看来，孔子批判地继承春秋时代的思潮，不以礼为核心，而以仁为核心。而且认为没有仁，也就谈不上礼，所以说：“人而不仁，如礼何?”（《八佾》）

一部《论语》，对“仁”有许多解释，或者说“克己复礼为仁”（《颜渊》），或者说“仁者先难而后获”（《雍也》），或者说“能行五者（恭、宽、信、敏、惠）于天下为仁矣”（《阳货》），或者说“爱人”就是“仁”（《颜渊》），还有很多歧义的说法。究竟“仁”的内涵是什么呢？从孔子对曾参说的一段话可以推知“仁”的真谛。孔子对曾参说：“吾道一以贯之。”曾参告诉其他同学说：“夫子之道，忠恕而已矣。”（《里仁》）“吾道”就是孔子自己的整个思想体系，而贯穿这个思想体系的，必然是它的核心。分开

讲是“忠”“恕”，概括讲是“仁”。

孔子自己曾给“恕”下了定义：“己所不欲，勿施于人。”（《卫灵公》）这是“仁”的消极面。另一面是积极面：“己欲立而立人，己欲达而达人。”（《雍也》）而“仁”并不是孔子所认为的最高境界，“圣”才是最高境界。“圣”的目标是：“博施于民而能济众”（《雍也》）“修己以安百姓”（《宪问》）。这个目标，孔子认为尧、舜都未必能达到。

孔子不轻许人以“仁”。有人说：“雍也仁而不佞。”孔子的答复是：“不知其仁（意即雍不为仁)，焉用佞”。（《公治长》）又答复孟武伯说，子路、冉有、公西华，都“不知其仁”。（《公治长》）孔子对所有学生，仅仅说“回也其心三月不违仁”（《雍也》），这也未必是说颜渊是仁人。对于令尹子文和陈文子，说他们“忠”或“清”，却不同意他们是“仁”。（《公治长》）但有一件似乎不无矛盾的事，孔子虽然说管仲不俭，不知礼（《八佾》），却说：“桓公九合诸侯，不以兵车，管仲之力也！如其仁！如其仁！”（《宪问》）由这点看来，孔子认为管仲纵是“有反坫”“有三归”，却帮助齐桓公使天下有一个较长期的（齐桓公在位四十三年)、较安定的局面，这是大有益于大众的事，而这就是仁德。《孟子·告子下》曾载齐桓公葵丘之会的盟约，其中有几条，如“尊贤育才”“无曲防，无遏籴”。并且说：“凡我同盟之人，既盟之后，言归于好。”孟子还说当孟子时的诸侯，都触犯了葵丘的禁令。由此可见，依孔子意见，谁能够使天下安定，保护大多数人的生命，就可以许他为仁。

孔子是爱惜人的生命的。殷商是奴隶社会，那时以活奴隶殉葬的风气孔子是知道的。自从生产力有所发展，奴隶对奴隶主多少还有些用处、有些利益以后，奴隶主便舍不得把他们活埋，而用木偶人、土俑代替殉葬的活人了。在春秋，也有用活人殉葬的事。秦穆公便用活人殉葬，殉葬的不仅是奴隶，还有闻名的贤良的三兄弟，秦国人叫他们做“三良”。秦国人谴责这一举动，《诗经·秦风》里《黄鸟》一诗就是哀恸三良、讥刺秦穆公的。《左传》宣公十五年记载晋国魏犨有个爱妾，魏犨曾经告诉他儿子说，我死了，一定嫁了她。等到魏犨病危，却命令儿子，一定要她殉葬，在黄泉中陪侍自己。结果是他儿子魏颗把她嫁出去。足见春秋时代一般人不用活人殉葬。孟子曾经引孔子的话说：“始作俑者，其无后乎!”（《孟子·梁惠王上》）在别处，孔子从来不曾这样狠毒地咒骂人。骂人“绝子绝孙”“断绝后代”，在过去社会里是谁都忍受不了的。用孟子的话说，“不孝有三，无后为大。”（《孟子·离娄

上》）孔子对最初发明用木俑、土俑殉葬的人都这样狠毒地骂，对于用活人殉葬的态度又该怎样呢？由此足以明白，在孔子的仁德中，包括着重视人的生命。

孔子说仁就是"爱人"。后代，尤其现代，有些人说"人"不包括"民"。"民"是奴隶，"人"是士以上的人物。"人"和"民"二字，有时有区别，有时没有区别。以《论语》而论，"节用而爱人，使民以时"（《学而》），"人"和"民"就有区别。"逸民"（《微子》）的"民"，便不是奴隶，因为孔子所举的伯夷、叔齐、柳下惠等都是上层人物，甚至是大奴隶主，"人"和"民"便没有区别。纵然在孔子心目中，"士"以下的庶民是不足道的，"民斯为下矣"（《季氏》），但他对于"修己以安百姓"（《宪问》）"博施于民而能济众"（《雍也》）的人，捧得简直比尧和舜还高。从这里又可以看出，孔子重视人的性命，也包括一切阶级、阶层的人在内。

要做到"修己以安人"，至少要做到"不以兵车""一匡天下"，没有相当地位、力量和时间是不行的。但是做到"己所不欲，勿施于人"，孔子认为比较容易。子贡问"有一言而可以终身行之者乎"，孔子便括出一个"恕"字。实际上在阶级社会中，要做到"己所不欲，勿施于人"，是极难的，甚至是不可能的，只能是一种幻想，孔子却认为可以"终身行之"，而且这是"仁"的一个方面。

曾有人抓住"克己复礼为仁"（《颜渊》）一句不放，武断地说孔子所要"复"的"礼"是周礼，是奴隶制的礼，而撇开孔子其他论"仁"的话不加讨论，甚至不予参考，这是有意歪曲，妄图借此达到他们政治上的罪恶目的。《论语》"礼"字出现74次，其中不见孔子对礼下任何较有概括性的定义。孔子只是说："人而不仁，如礼何？人而不仁，如乐何？"（《八佾》）还说："礼云礼云，玉帛云乎哉？乐云乐云，钟鼓云乎哉？"（《阳货》）可见孔子认为礼乐不在形式，不在器物，而在于其本质。其本质就是仁。没有仁，也就没有真的礼乐。春秋以及春秋以前的时代，没有仁的礼乐，不过徒然有其礼节和器物罢了。孔子也并不是完全固执不变的人。他主张臣对君要行"拜下"之礼，但对"麻冕"（《子罕》）却赞同实行变通，以求省俭。他不主张用周代历法，上文已经说过。由此看来，有什么凭据能肯定孔子在复周礼呢？孔子曾经说自己，"我则异于是，无可无不可"（《微子》），孟子说孔子为"圣之时"（《孟子·万事下》），这才是真正的孔子！

孔子的影响

在孔子生活的年代以前有不少文献，孔子一方面学习它，一方面加以整理，同时向弟子传授。《论语》所涉及的有《易》《书》《诗》等。虽然有“礼”，却不是简册（书籍）。据《礼记·杂记下》“恤由之丧，哀公使孺悲之孔子学士丧礼，士丧礼于是乎书”，那么，《仪礼》诸篇虽出在孔子以后，却由孔子传出。孺悲这人也见于《论语》，他曾求见孔子，孔子不但以有病为辞不接见，还故意弹瑟使他知道是托病拒绝，其实并没有病（《阳货》）。但孺悲受哀公之命而来学，孔子就难以拒绝。《论语》没有谈到《春秋》，然而自《左传》以来都说孔子修《春秋》，孟子甚至说孔子作《春秋》。《公羊春秋》和《谷梁春秋》记载孔子出生的年、月、日，《左氏春秋》也记载孔子逝世的年、月、日；而且《公羊春秋》《谷梁春秋》止于哀公十四年“西狩获麟”，《左氏春秋》则止于哀公十六年“夏四月己丑孔丘卒”。三种《春秋》，二种记载孔子生，一种记载孔子卒，能说《春秋》和孔子没有关系吗？尽管王安石诋毁《春秋》为“断烂朝报”（初见于苏辙《春秋集解》自序，其后周麟之、陆佃以及《宋史·王安石传》都曾记载这话），但《春秋》二百四十二年的史事大纲却赖此以传。更为重要的事是假若没有《春秋》，就不会有人作《左传》。《春秋》一书中两百多年的史料，现代人就只能靠地下挖掘去了解了。总而言之，古代文献和孔子以及孔门弟子有关系的，至少有《诗》《书》《易》《仪礼》《春秋》五种。

孔子弟子不过七十多人，《史记·孔子世家》说“弟子盖三千焉”，用一“盖”字，就表明太史公说这话时自己也不太确信。根据《左传》昭公二十年记载，琴张往吊宗鲁之死，孔子阻止他。琴张是孔子弟子，这时孔子三十

岁。其后又不断地招收门徒，所以孔子弟子有若干批，年龄相差也很大。依《史记·仲尼弟子列传》所载，子路比孔子小九岁，可能是年纪最大的学生。（《史记·索隐》引《孔子家语》说颜无繇只比孔子小六岁，不知可靠否，因不计数。）可能以颛孙师即子张为最小，比孔子小四十八岁，孔子四十八岁时他才出生。假定他十八岁从孔子受业，孔子已是六十六岁的老人。孔子前半生，有志于安定天下，弟子也跟随他奔走，所以孔子前一批学生从事政治的多，故《左传》多载子路、冉有、子贡的言行。后辈学生中子游、子夏、曾参比较出名，他们不做官，多半从事教学。子夏曾居于西河，为魏文侯所礼遇，曾参曾责备他"退而老于西河之上，使西河之民疑女于夫子"（《礼记·檀弓上》），可见他在当时名声之大。孔门四科，文学有子游、子夏。而子张也在后辈之列，自成一派，当然也设帐教书，所以《荀子·非十二子篇》有"子张氏之贱儒""子夏氏之贱儒"和"子游氏之贱儒"之论。姑且不论他们是不是"贱儒"，但他们传授文献，使中国古代文化不致绝灭，而且有发展、有变化，这种贡献就值得赞扬。若依韩非子显学篇所说，儒家又分为八派。战国初期魏文侯礼待儒生，任用能人；礼待者，即所谓"君皆师之"（《史记·魏世家》，亦见《韩诗外传》和《说苑》）的，有卜子夏、田子方（《吕氏春秋·当染篇》说他是子贡学生）、段干木（《吕氏春秋·尊贤篇》说他是子夏学生）三人。信用的能人有魏成子，即推荐子夏等三人之人；有翟璜，即推荐吴起、乐羊、西门豹、李克、屈侯鲋（《韩诗外传》作"赵苍"）的人。吴起本是儒家，其后成为法家和军事家。李克本是子夏学生，但为魏文侯"务尽地力"，即努力开垦并提高农业生产力，而且著有《法经》（《晋书·刑法志》），也变成了法家。守孔子学说而不加变通的，新兴地主阶级的头目，只尊重他们，却不任用他们。接受孔门所传的文化教育，而适应形势，由儒变法的，新兴地主阶级的头目却任用他们，使他们竭尽心力，为自己国家争取富强。魏文侯礼贤之后，又有齐国的稷下。齐都（今山东临淄）西面城门叫稷门，在稷门外建筑不少学舍，优厚供养四方来的学者，让他们辩论和著书，当时称这班被供养者为稷下先生。稷下可能开始于齐桓公，而盛于威王、宣王，经历愍王、襄王，垂及王建，历时一百多年。荀子重礼，他的礼近于法家的法，而且韩非、李斯都出自他门下，虽在稷下"三为祭酒"（《史记·孟荀列传》），荀子却仍然得不到任用，这是由于他仍然很大程度地固守孔子学说而变通不大。但他的讲学和著作，却极大地影响了后代。韩非是荀子学生，也不大以他老师为然。《显学篇》的"孙氏之儒"就是"荀氏之儒"。然而没有孔子和孔门弟子以及其后的儒学，尤其是荀子，不但不可能有战国的百家争鸣，更不可能有商鞅帮助秦孝公变法（《晋书·刑法志》载：“李悝（即李克）著法经六篇，商鞅受之以相秦。”），奠定秦始皇统一的基础，尤其不可能有李斯帮助秦始皇统一天下。溯源数典，孔子在学术上、文化上的贡献以及对后代的影响是不可磨灭的。

孔子的学习态度和教学方法，也有可取之处。孔子虽说“生而知之者上也”（《季氏》），却说自己：“我非生而知之者，好古，敏以求之者也。”（《述而》）似乎孔子并不真正承认有“生而知之者”。孔子到了周公庙，事事都向人请教，有人讥笑他不知礼。孔子答复，不懂得就问，正是礼。（《八佾》）孔子还说：“三人行，必有我师焉。择其善者而从之，其不善者而改之。”（《述而》）就是说，在交往的人中，总有我的老师。子贡说，“夫子焉不学？而亦何常师之有”。（《子张》）我们现在说“活到老，学到老”。依孔子自述的话，“发愤忘食，乐以忘忧，不知老之将至”（《述而》），就是说学习不晓得老。不管时代怎么不同，如何发展，这种学习精神是值得敬佩而采取的。

孔子自己说“诲人不倦”（《述而》），而且毫无隐瞒。（《述而》）元好问的《论诗》诗说：“鸳鸯绣了从教看，莫把金针度与人。”过去不少工艺和拳术教师，对学生总留一手，不愿意把全部本领尤其最紧要处，最关键处，俗话说的“最后一手”“看家本领”传授下来。孔子则对学生无所隐瞒，因而才赢得学生对他的无限尊敬和景仰。孔子死了，学生如同死了父母一般，在孔子墓旁结庐而居，三年后才离去，子贡还继续居住墓旁三年。（《孟子·滕文公上》）有这种“诲人不倦”的老师，才能有这种守庐三年、六年的学生。我们当然反对什么守庐，但能做到师生关系比父子还亲密，总有值得学习的地方。

孔子对每个学生都非常了解，对不同的学生作了不同的评论。在解答学生的疑问时，纵然同一问题，因问者不同，答复也不同。《颜渊篇》记载颜渊、仲弓、司马牛三人“问仁”，孔子有三种答案。甚至子路和冉有问“闻斯行诸”，孔子的答复竟完全相反，引起公西华的疑问。（《先进》）因材施教，在今天的教育中是不是还用得着？当然用得着，只看如何适应今天的情况而已。时代不同，具体要求和做法也必然不同。然而孔子对待学生的态度和某些教学方法如“不愤不启，不悱不发”（《述而》）就是在今天，也还有可取之处。

在孔子以前，学校由官府设立。《左传》载郑国有乡校，那也只有大夫以上的人及他们的子弟才能入学。私人设立学校，开门招生，学费又非常低廉，只是十条肉干（《述而》），自古以至春秋，恐怕孔子是第一人。有人说同时有少正卯也招收学徒，这事未必可信。纵有这事，但少正卯之学和他的学生对后代毫无影响。

孔子所招收的学生，除鲁国的南宫敬叔以外，假若司马牛的确是桓魋兄弟，那么也只有他们两个人出身高门，其余的多出身贫贱。据《史记·仲尼弟子列传》记载，子路“冠雄鸡，佩豭豚”，简直像个流氓。据《史记·游侠列传》记载，原宪“终身空室蓬户，褐衣疏食”，更为穷困。《论语》说公冶长无罪被囚，足见公冶长也是下贱门第。据《弟子列传·正义》（引《韩诗外传》）记载，曾参曾经做过小吏，能谋斗升之粟来养亲，就很满足，可见曾点、曾参父子都很穷。据《吕氏春秋·尊师篇》记载，子张是“鲁之鄙家”。颜回居住在陋巷，箪食瓢饮，死后有棺无椁。（见于《论语》）由此推论，孔子的学生，出身贫贱的多，出身富贵的可知者只有二人。那么，孔子向下层传播文化的功劳，何能抹杀？《淮南子·要略篇》说：“墨子学儒者之业，受孔子之术。”这并不是说墨子出自儒家，而是说，在当时，要学习文化和文献，离开儒家不行。韩非子说“今之显学，儒、墨也”，有儒家、墨家而后有诸子百家，因此，中国文化的流传和发达与孔子整理古代文献和设立私塾是分不开的。